PROFESSIONAL

ビジネスリーダーなら知っておきたい

決算書&
ビジネス数字の活用
100の法則

斎藤正喜
Masayoshi Saito

JN107463

日本能率協会マネジメントセンター

　会計、決算書に関する書物が数多く発行されている中で、
本書は次のような2つの狙い（特徴）で作成しています。

　1つは、会社の決算書を見て、最も簡単でかつ効率的に、
その会社の経営状態が良好なのか悪いのか、判断できるよう
にすることです（第1部）。

　決算書を理解できるようになるコツ（ポイント）は、優良企
業や倒産企業の事例を見て、その違いを比較することが最も
早道です。

　いくつかの事例を見ると自然に良否の判断ポイントが明確に
なり、その上で自社や競合企業、また社会で話題の企業の決
算書を見ると、誰でも経営状態の良否が見えてきます。

　もちろん、損益計算書や貸借対照表に関する最低限の基本
的な知識は必要ですが、決算書の作成ルールに関する難しい
会計基準や関連法規などの専門的な理解は、ほとんど必要が
ありません。

　したがって本書では、決算書の見方などの基本的な知識に
関する記述は最低限必要な事項にとどめ、超優良といわれる
企業や優良企業から過去に倒産した企業の事例を多く紹介
し、その違いを経営指標によって明確にしています。

　必要な経営指標は、損益計算書・貸借対照表ごとに3～4

理解すれば、会社の経営状態を十分判断できます。

　2つ目の狙いは、ビジネスの様々な場面での実践的な数値の活用方法を理解していただくことです（第2部）。

　例えば、あといくら売上を伸ばせば目標利益を達成できるか、原価以下の価格で販売して儲かるか、自製よりも外注化したほうがコストダウンできるのか、設備投資額は何年で回収できるかなど、ビジネスの現場ではこのような判断を求められる場面が多くあります。

　このような場面で、的確な意思決定を行うためには、その場面に適した数値分析の進め方を理解することが必要であり、部門やグループの運営を任せられた人にとって不可欠な知識・スキルです。

　このような知識・スキルを向上するため、本書では、簡単な「原価知識」の説明の下で、実際にビジネスの現場で生じた多くの事例を紹介し、失敗事例を含めて、どのように数値を分析し判断をしたらよいか、わかりやすく説明しています。

　これまで筆者は、財務・会計の分野で、企業内研修の講師として数十年にわたって多くの企業の若手社員から管理者、経営者までのビジネスパーソンと交流してきました。

　財務・会計の分野は、普段聞きなれない経理の専門用語が多く、また複式簿記などの仕組みの上で決算書が作成されていることもあり、この分野の初心者にとっては、学習を始める

段階で大変な苦労を強いられている方が多くいます。

　学習の途中で挫折したり、この分野にコンプレックスを持ち続けたりしている管理者も大変多く見受けられます。

　しかし、筆者の研修では、優良企業や倒産企業の事例研究を中心としたものであり、全く事前知識のない受講者でもほとんどの方が、一日の後半になると、「決算書はこんなに簡単に理解できるのか」、「決算書を見るのが楽しくなった」、「自社の経営状態がよくわかった」などの感想を漏らすようになっていただいています。

　本書は、このような筆者の企業内研修の内容を一冊にしたものです。原稿を書き終えて改めて振り返ってみると、口頭での講義や演習中心の研修と異なり、体系的な説明が必要であったり、説明漏れをなくすため、どうしても説明文が多くなっている傾向がありますが、それでも「事例中心に決算書や実践的な数値活用法を理解していただく」という筆者の狙いは感じていただけるのではないかと思っています。

　本書を読み、決算書などの会社の数値について、少しでも身近に感じ、決算書を見ることが楽しいと感じていただければ幸いです。

2023年8月

CESクリエート代表

日本能率協会マネジメントセンター　パートナーコンサルタント

斎藤正喜

第 **2** 章
損益計算書（PL）で
会社の儲ける力を判断する

第3章
貸借対照表（BS）で会社経営の健全性を判断する

第 **4** 章
決算書から優良企業と問題企業を見分けるには

第 5 章
キャッシュフロー計算書で
お金の流れをつかむ

第2部

ビジネス数値の実践的な活用方法

第 6 章
利益・費用の意識を高め、分析力を高める

第 **7** 章
不思議な原価の
からくりを知る

第 **8** 章
ビジネスの実践で
数値を活用する

序章

失敗事例から学ぶ
決算書理解の重要性
～決算書が読めないと恥をかく～

この章で学ぶこと

　序章では、筆者が実際に遭遇した、決算書を読めないが故の失敗事例の典型的な5つのケースを紹介します。

　「粗利益」を「ソリ」と思い込んで恥をかいたケースや「剰余金が金庫に50億円あると思い込んだケース、あるいは遊休資産の処分提案をして怒られたケースなど、会計用語や利益計算の仕組みを理解していないと、単なる笑い話だけでなく大きな失敗を引き起こすことがあります。

　それはビジネスでの階層が高くなればなるほど、周囲に大きな影響を及ぼすことになってしまいます

　この5つの失敗事例を見て、決算書の用語や内容を理解することの重要性を感じていただきたいと思います。

「粗利益」を"ソリ"と思い込んで部下に シカトされた経理部長

1．経理部長は「ソリ」なのか「黒田」なのか？

　筆者が卸売業であるA社の本社に訪問した時のことです。

　管理部門のフロアーに来ると、20mほど離れたところから40歳前後の精悍な顔立ちで経理部長の席に座っている紳士がいることに気が付きました。

　挨拶しておくには丁度良いタイミングですが名前がわかりません。近くを見ると3人の若い女子社員が立ち話をしていたので、「話し中すみません、あそこにいる方は経理部長ですか」と尋ねると「そうです」とのことでした。

　また「経理部長のお名前は……」と聞いたところ、3人ともにこやかな表情で「ソリ部長です」と答えてくれました。

　そして「ソリさんですか、珍しい名前ですね、どんな字を書くんですか」と聞いたとたん、3人とも一斉に大きな声で笑いだして去ってしまいました。

　何が起きたかわからず、とにかく経理部長のところに行って挨拶して名刺交換したところ、意外にも、名刺には「経理部長　黒田光男」と書いてありました。

　女子社員から聞いた「ソリ部長」とは何だったのか、そのあとで経理部の課長と話をする機会があったので、事の真偽を確かめてみました。

2．「ソリ」経理部長命名のエピソード

　黒田氏（仮名）は最近経理部長になったばかりで、それまでは営業課長であったそうです。営業の第一線で数々の大型受注を獲得するなど実績を上げ、認められて社長の娘さんと結婚し、この

度、ほとんど専門知識のないまま経理部長に就任したとのことです。

　新任の経理部長として大手の得意先に挨拶に行った時のことです。得意先の営業部長が図表1のような自社の営業数値の資料を広げ、「このところわが社の『ソリ』が少なくなって経営が苦しいんです」と黒田氏に説明したそうです。

図表1　得意先の売上高、粗利益の推移

	前期	今期
売上高	2,300	2,400
売上原価	1,800	1,950
粗利	500	450

　それを聞いた黒田氏は、「粗利」は「ソリ」と読むんだ、と思い込んでしまったそうです。

　後日、経理部内で会議があり、部下が自社の損益の説明をし、「わが社の粗利益（あらりえき）は……」と説明し始めたとたんに、黒田氏が「**おい、それはソリというんだ！**」と大きな声で遮ったとのことです。

　黒田氏はもともと他人の言動に厳しかったこともあり、それ以来、経理部内だけでなく、黒田氏本人のいないところでは「**ソリ経理部長**」と陰口がささやかされ続けているそうです。

3．経理用語は難しい、略した用語に注意を！

「粗利益」は普通「あらりえき」と読みますが、略して「アラリ」や「ソリ」ということがありますので、黒田氏のような失敗をしないように注意する必要があります。

　この粗利益以外に、「経常利益」を「ケイツネ」と略して使うことがよくあり、これも注意してください。

「金庫に剰余金が50億円あるから安心だ」と言い残して会社を去った前社長

1．「激」が空振りに終わった新社長

　地方の放送業であるＢ社は、地元では無借金経営で超優良企業と評判の企業です。しかしここ数年業績が不振で、売上、利益とも低下し、今期は赤字転落も予想されており、親会社は業績の回復を図るため、新社長として遠藤氏（仮名）を派遣しました。

　遠藤新社長は、幹部社員全員を集め新しい経営方針を説明し、最後に「今期は赤字になる、皆で頑張って利益を出さないと会社はつぶれてしまう！　給与も払えなくなってしまう！」と危機感をあおり、幹部社員の奮起と意識革新を促しました。

　ところが、気合を入れた新社長の表情とは対照的に、幹部社員は全員にこやかな表情で、「社長！　わが社はこれまで利益を上げ続け、金庫に利益剰余金が50億円もあります。だから当面は絶対大丈夫ですから安心してください！」と逆に諭されてしまいました。

　遠藤新社長と幹部社員のどちらが正しいのでしょうか？

図表2 **B社の経営状態**（単位：百万円）

B社の直近の貸借対照表

現金預金	500	未払費用	700
売掛金	800		
固定資産	5,000	資本金	600
		利益剰余金	5,000
計	6,300	計	6,300

B社の直近3年間の損益の推移

	3年前	2年前	前年度
売上高	4,400	4,100	3,900
営業費用	4,100	3,900	3,800
営業利益	300	200	100
当期純利益	170	100	60

（注）固定資産の内容は、放送設備、アンテナ、鉄塔などで他への転用は不能です

2．B社の経営状態を判断すると

　B社の貸借対照表を見ると、利益剰余金が50億円ありますが、

負債は未払費用の７億円だけで、借入金や社債などの有利子負債は全くみあたらず、無借金経営です。また、企業の健全性を示す自己資本比率を計算してみると90％近くにもなり、この数字を見るかぎり典型的な超優良企業といえます。

　一方、損益計算書を見ると、ここ３年間、売上高、営業利益、当期純利益とも減収減益の状態が続き、このままの状態で推移すると今年度は赤字転落の可能性もあります。

３．利益剰余金は金庫に保管されているのか？

　50億円の利益剰余金は本当に金庫に保管されているものか、貸借対照表の資産を見ると、５億円は現金、８億円は売掛金として回収予定ですが、50億円が固定資産となっています。

　要するに、長年かかって蓄積された50億円の利益剰余金はそのほとんどが放送設備、鉄塔、アンテナなどの固定資産の購入に充ててしまったのです。だから金庫にお金はないのです。

４．「金庫に50億円あるから安心だ！」の犯人は誰か？

　では、なぜ幹部社員が「金庫に剰余金が50億円ある」と思い込んでいたのか、実は、新社長が就任する直前、旧社長であった中村氏は幹部社員を集め、お別れの挨拶をしたそうです。

　その時「業績不振の責任をとって私は辞めます、新しく来る新社長の下で皆頑張って業績を回復してください！」といい、さらに「でも皆さん安心してください、わが社には金庫に剰余金が50億円ありますから……」と付け加えたとのことです。それを聞いた幹部社員は、「金庫に剰余金が50億円ある」とすっかり信じ込んでしまったということです。

「利益剰余金＝内部留保」というと、このＢ社の幹部社員のようにお金を貯め込んでいると思う人が多く見受けられます。しかし、社内に本当にお金が留保されているか否かについては、貸借対照表の（左側の）資産の内容を見ることが必要なのです。

不評の広告塔の廃棄提案をして
怒られた事業部長

C地域の事業部長に任命された伊東氏（仮名）は、初仕事として、以前から担当地域内にある広告塔の撤去を検討しました。

この広告塔は、お風呂から女性の足が出ている巨大な画像を使用したもので、建築して5年ですがやや老朽化し、付近の住民からは「子供がその周りで遊ぶと危険！」とか、「卑猥で教育上よくない！」というような苦情が多く寄せられ、ほとんど広告塔の意味をなしていない遊休資産というべき代物です。

かねてから、会社のイメージダウンにしかならないこの広告塔を1日も早く撤去したいと考えていた伊東氏にとって、事業部長になって真っ先に提案したのはきわめて当然のことでした。

ところが、上司である上田本部長（仮名）はその提案を聞いてカンカンに怒り出し、伊東氏に向かって「お前を事業部長にしてやったのに、俺の顔に泥を塗るのか！」とすごい剣幕で怒鳴り散らしました。

さらに、気落ちした伊東氏に対して本部長は「簿価が1,500万円あるのを知らないのか！」と追い討ちをかけたそうです。

1. 使用価値はゼロなのに会計上の価値は15,000千円？

まず、この広告塔の会計上の金額を見てみましょう。

この広告塔の取得時の価額は30,000千円で、耐用年数10年、現在まで定額法により5年分の減価償却が行われ、残存価格は15,000千円です。また、このまま維持した場合、年間1,000千円程度の維持費が発生します。

つまり、この広告塔は現実的な使用価値はほとんど"ゼロ"か"マイナス"であるものの、会計上はまだ減価償却がされていな

い金額15,000千円が資産価値（簿価）として残っており、撤去すると、15,000千円の除却損が発生し、さらに撤去費用が約3,000千円発生するとのことです。

2．本部長の怒りの原因は

では、上田本部長の怒りの原因は何だったのでしょうか。

伊東氏は「まさか、あの広告塔は上田本部長が建てたのか？」と思って調べてみたが、そうではないということです。ただ、追い討ちの言葉「簿価が1,500万円！」が気になります。

伊東氏は、後日、本部長の担当部門の業績予想を調べたところ、今期はギリギリで黒字を確保できそうな状態とのことです。

広告塔を撤去した場合には約3,000千円の撤去費用に加えて固定資産除却損が15,000千円発生し、合計18,000千円の予定外の費用・損失が発生してしまいます。

広告塔を撤去すると損益は赤字になってしまうのです。

図表3　本部の業績予測（単位：千円）

今期の業績予測		撤去後の業績予測	
売上高	1,500,000	売上高	1,500,000
営業費用	1,490,000	営業費用	1,490,000
部門利益	10,000	固定資産除却損等	18,000
		部門利益	-8,000

そのような状態なのに、信頼していた部下が、「本部長、あの広告塔は邪魔ですから……」と提案してきたら、本部長にとって「なんとノー天気な奴！」と思ったかもしれませんし、本部長にとって昇進のかかった時期であったかもしれません。

広告塔のような固定資産を撤去する場合、当然上記のような「簿価」や「固定資産除却損」という会計上の仕組みを理解していなければならないのです。

売上拡大で利益を増やしたのに
資金繰りを悪化させた敏腕営業課長

　機械商社であるD社の営業課長である小川氏（仮名）は、社内で"敏腕営業課長"と名をはせ周囲から一目置かれている存在です。最近（3月）も最重要顧客であるE得意先への売上を大幅に拡大し意気揚々としていたものの、なぜか会社側の評価が芳しくなく、「今期売上を拡大し、会社の利益も予想以上に増やしたのに誰も喜んでいない、なぜだ！」と周囲に不満を漏らしています。

1．売上拡大による会社損益への効果

　では、E得意先への売上拡大によって、会社全体の売上高や利益がどれだけ増えたのか見てみましょう。

　E得意先への売上拡大が行われていない段階での会社の今期の損益予想は、次の図表4のように売上高は300、利益は90です（会社の決算期は3月です）。

図表4　E得意先への売上拡大による損益の変化

	今期予想	売上拡大分	拡大後損益
売上高	300	50	350
営業費用	210	40	250
利益	90	10	100
利益率	30%	20%	29%

　しかし、3月のE得意先への売上拡大によって、売上高は350、利益は100となり、今期の会社損益の向上は明らかです。

2．会社の資金繰りへの影響を見ると

　D社では、これまで売上代金は販売後1か月で回収することが社内の基本ルールでした。しかし小川課長はE得意先に対して

「販売代金は３か月後の回収」という条件を提示し、成約をしたのでした。３月に販売したので、通常では４月に回収ですが、この条件では販売代金は６月まで回収できません。

　一方、Ｅ社に販売するためにはメーカーから機械を購入し、購入代金などの営業費用40は１か月後に支払いが必要です。

　今度は、Ｅ得意先への売上拡大分について資金（お金）の動きを考えてみましょう。

　実をいうと、Ｄ社は経営資金に余裕がなく資金繰りに苦しんでいる会社でした。

　仮に３月末には現金残高は20しかなかったとします。

　基本ルールの回収条件で販売すれば、４月に販売代金が回収され、４月末の現金残高は30になりますが、「３か月後の回収条件」では、６月まで入金がなく４月、５月は資金不足の状態になってしまいます。これでは会社は資金繰りで大忙しの状態となってしまいます。

図表5　Ｅ得意先への売上拡大による現金残高の推移

これまでどおりの回収条件の場合

	3月	4月
月初現金残高		20
売上代金回収額		50
営業費用支払額		-40
月末現金残高	20	30

売上代金の回収が３か月後の場合

	3月	4月	5月	6月
月初現金残高		20	-20	-20
売上代金回収額			0	50
営業費用支払額	-40	0	0	
月末現金残高	20	-20	-20	30

　小川氏は、会社の売上高や利益しか考えず、販売代金の回収が長引くと経営資金が不足するという、**キャッシュフローへの効果**に目が届かなかったのです（「法則54」を参照）。

原価以下での特注を断って、取引先にお詫び訪問する羽目に

1. 製造原価以下の受注でも儲かるか？

F社では、次のようなG製品の製造を行い、特定の販売ルートで販売しています。

G製品の現在の販売数量・販売高、生産・販売コスト等

- 販売高　　　10,000千円　@1,000円
- 販売数量　　10,000個
- 製造原価　　7,000千円　@700円（うち材料費等の変動費5,000千円）
- 販売費用　　1,000千円　@100円（うち変動費500千円）
- G製品の利益　2,000千円

今回、新規の取引先である某企業から下記のような条件で特別注文があり、担当者である秋山氏（仮名）はこの特注に応じたらよいものか悩んでいました。というのも、現在のG製品の製造原価は1個当たり700円であるのに対して引き合いの価格は600円と、原価以下の条件となっているからです。

特別注文の条件

- 数量　　　　3,000個
- 価格　　　　@600円
- その他、工場渡しでありF社の販売費用は発生しないとのことです。
- また、購入したG製品の用途は限定されており、F社の既存の販売ルートに対する影響は一切ない、とのことです。

秋山氏は、とりあえず工場の稼働状況を調べてみると、G製品の製造能力には十分な余力があるとのことでしたが、受注価格は

原価以下であり、某企業に対して注文に応じられない旨、丁重に断りの電話を入れました。

断りの電話を入れたところで、営業課長の井上氏（仮名）が帰社したため、秋山氏はこの特注のことを井上課長に報告しました。

すると、井上氏は怒りをあらわにしながら言いました。「なぜ私に無断で断ったのか、製造原価以下の受注でも儲かることはあるんだ！」。さらに、「新たにG製品を3,000個追加で製造するといくらのコストが増えるのか計算してみろ！」とも付け加えました。

２．特注の採算計算をしてみると

このような特注の採算計算を的確に行うためには、製品の製造原価を、売上の増減に伴って増減する**変動費**と、売上の増減にかかわらず固定的に発生する**固定費**に分解することがポイントです。なお、販売費用は「工場渡しで……」とあり無視してよいことになります。

3,000個の特注に応じたとしても、G製品の製造能力には十分な余力があるため、固定費は増加せず2,000千円のままです。増加するのは1個当たり500円の変動費だけです。

つまり、3,000個の特注に応じると、1,500千円の製造費用は増加しますが、1,800千円の収入があるため、300千円の利益が出ることになるのです。

計算根拠　　収入増加分1,800千円（受注価格600円×3,000個）

原価増加分1,500千円（1個当たり変動費×3,000個）

差引：利益増加分300千円

秋山氏は井上課長とともに某企業に訪問し、お詫びをする羽目になってしまいました（このケースについて詳しくは「法則86」を参照してください）。

決算書から会社の
経営状態を判断する

本書は、次のように2部に分けた内容になっています。

第1部「決算書から会社の経営状態を判断する」として、損益計算書、貸借対照表、キャッシュフロー計算書の基本的な見方と経営状態の判断のポイントを説明しています。

また第2部では、「ビジネス数値の実践的な活用方法」として、ビジネスの様々な場面でどのように数字を分析し、活用するか、仕事に役立つ数字の活用方法を説明しています。

第1部では、まず第1章の「ビジネスで、なぜ決算書の理解が必要なのか」として、決算書には何が書いてあるか、なぜ社会で決算書の公表が必要なのか、決算書の種類など、決算書の概要を説明しています。

第2、第3章では、損益計算書と貸借対照表の基本的な見方を理解していただき、そのうえで第4章「決算書から優良企業と問題企業を見分けるには」として、超優良企業、優良企業、過去の倒産企業などの数値を見比べ、その違いはどこにあるか考えていただくつもりです。

決算書を理解するためには、何よりもこの事例研究が早道です。第4章を重点においてください。

第5章では、キャッシュフロー計算書の説明をしていますが、キャッシュフロー計算書には経営者の経営方針が色濃く反映されていることを理解していただきたいと思います。

第 **1** 章

ビジネスで、なぜ決算書の
理解が必要なのか

この章で学ぶこと

ビジネス生活の中で「決算書の読み方を理解することは大切だ!」
とよくいわれます。

しかし、「それがなぜ大切なのか」、「それを理解するとこれか
らのビジネス生活にどんな効果があるのか」と聞かれると「?」と
なってしまい、明確に答えられない人が多いのではないでしょうか。

この章では、具体的な決算書の説明に入る前に、まず決算書
といわれるものにはどんな種類があり、決算書には何が書かれて
いるのか、決算書を読めるようになるとどんなメリットがあるのか
を考えてみたいと思います。

また企業がなぜ決算書を公表しなければいけないのかなど、決
算書を巡る社会の仕組み（会計制度という）についても理解をし
ていただきます。

なお、実際に決算書を読もうとすると、「連結」とか「個別」
とかの種類があり、さらに決算書が「日本の会計基準」だけでな
く「国際会計基準」で作成されているケースもあり、基本的な報
告様式が異なっている場合もありますので、その違いについての
説明も加えています。

決算書には会社の経営状態が
表示されている

1. 決算書って何だろう、どんな種類があるのか

　会社は、通常、1か月や3か月、1年単位で決算書を作成します。

　その期間ごとに予定したような利益が出ているのか、あるいは利益だけでなく全体の経営状態が良いのか悪いのか確認するためです。もし、思うように経営が進んでいなければ、早めに何らかの手を打たなければならないからです。

　このような経営内部の管理目的だけではなく、法律によって外部への公表が義務付けられている決算書としては、次のような様々な書類があります。

図表1-1　**法律によって公表が義務付けられている決算書（財務諸表）**

金融商品取引法（財務諸表という）		会社法（計算書類という）
個別	連結	個別^(注)
貸借対照表	連結貸借対照表	貸借対照表
損益計算書	連結損益計算書	損益計算書
株主資本等変動計算書	連結包括利益計算書	株主資本等変動計算書
附属明細表（書）	連結株主資本等変動計算書	個別注記表
	連結キャッシュフロー計算書	
	連結附属明細表（書）	

（注）会社法では、有価証券報告書を提出する大会社のみ、連結決算書を提出する義務がある

2. 決算書には何が書かれているのか

　決算書には、一言でいうと**会社の経営状態**が書かれています。

　決算書の中でも、損益計算書と貸借対照表は特に重要です。

　損益計算書には、その期間の売上高やかかった費用、そしていくらの利益が計上されたかが書いてあります。つまり会社の**その期間の経営成績**です。

　これを見ると、「ウチの会社はこんなに儲けているんだ！」とか、「あの会社は赤字なんだ！」というように、会社の儲けのレベル（**収益力**）がわかります。

　これに対して貸借対照表は、会社の創業以来、現在いくらの資産を持ちいくらの負債があるか（これを**財政状態**という）が書かれています。これを見ると、例えば、「うちの会社は借金がほとんどなく経営資金に余裕があるんだ！」とか「あの会社は借金が多く、経営に余裕がなさそうだ！」あるいは「この会社は危ない！ほとんど倒産状態だ」など、経営が健全かどうかが判断できます。

図表1-2　損益計算書、貸借対照表でわかること

3．損益計算書、貸借対照表、キャッシュフロー計算書の３つを合わせて財務三表という

　決算書の中には**キャッシュフロー計算書**があり、損益計算書と貸借対照表に加えてこの３つが**財務三表**といわれています。

　キャッシュフロー計算書は、会社のお金の流れが健全か否かを見るもので、これも経営状態を示す一つの資料です。

　一般のビジネスパーソンが会社の経営状態を把握しようとする場合、貸借対照表、損益計算書、キャッシュフロー計算書の３つを見ておくことが必要です。財務三表さえ読めるようになれば、会社の経営状態はほぼ把握することができますので、本書では財務三表を中心に説明をしています。

決算書が読めると
ビジネスの視野が広がる

1. ビジネスで決算書が読めるとどんなメリットがあるのか

　では、決算書が読めると、ビジネスでどんなメリットがあるでしょうか。

　残念ながら、会計や決算書の見方を勉強しても、日頃決算書を使用する業務を行っている人を除いて、日々の仕事に役立つ直接的なメリットはあまり多くありません。

　しかし、決算書が読めるようになると次のようなメリットがあります。

・**会社の経営状態がわかる**

　先に説明したように、決算書には「経営の状態」が書かれています。簡単にいうと、その期にどれだけの費用をかけ、いくら売って、結果いくらの利益を上げているか、会社の金はどれくらい余裕があるのか、ということです。

　もし決算書の見方に関するポイントさえつかめれば、会社の収益力や健全性について判断することができ、自社の経営状態が良好なのか、競合他社と比べてどこに問題があるのかなどの判断もできるようになります。また毎年の決算書を並べてみると、業績の変化や成長過程もわかるようになります。

・**業界や経済の動向がわかる（ビジネスの視野が広がる）**

　また決算書を読めるようになると、ネットやTVでのニュース、新聞や雑誌などの記事から様々な企業の動向がわかりやすくなります。見出しを見ただけで、どんな会社がどのような経営努力を行いどんな業績をあげているのか、わかるようになります。

　さらに、もっと視野を広げると、日本のトップ企業や上場企業

などの数値事例を見る機会が増え、日本や世界の一流といわれている企業の経営動向や経済全体の動向にも関心が向けられるようになってきます。

　決算書の読み方を理解することは、それを契機に上記のようなビジネスの視野を広くすることにつながるのです。

図表1-3　業界全体の動向と自社のポジショニング

社名	売上高			シェア	
	前年度	今年度	成長率	前年度	今年度
A社	300	360	120%	30%	30%
B社	200	230	115%	20%	19%
自社	120	130	108%	12%	11%
C社	100	120	120%	10%	10%
その他	280	360	129%	28%	30%
計	1,000	1,200	120%		

業界全体の市場規模が20％も伸びている成長業種なのに、自社の成長率は低い。その結果シェアを落としてしまった！

２．コスト・利益意識や採算意識が強くなる

　また決算書を読めるようになると、上記のようにビジネスの視野が広がるだけでなく、自然に我々の日々の活動がどのような費用、収益に結び付き、どれだけ利益に貢献しているのか考えるようになります。

　例えば、１％の利益率を向上するためには、会社全体としてどれだけのコストダウンや売上向上の努力をしなければならないか、ということも理解できるようになります。

　決算書を理解できるにつれて、ビジネスで最も基本的で重要なコスト・利益意識、さらには採算意識が高まることは間違いありません。

決算書は利害関係者を保護するため作成、公表される

1. 会社に関わる利害関係者とは誰か

　会社には、従業員はもちろん、株主、取引先、金融機関、地域など、またこれから就職を考えている学生なども含めて、様々な利害関係者がおり、会社の経営状態が変化すると、これら多くの利害関係者に影響を与えます。

　株主や投資家にとって、会社の業績が良いか悪いかは投資先を選定する場合の重要な情報ですし、取引先や金融機関は今後継続的に取引や融資をしても大丈夫か否か判断しなければなりません。

　学生が就職先を選定する時にいろいろな評判を集めますが、会社の作成した決算書の情報がまわりまわって評判になっていることが多くあります。

　このような利害関係者の基本的な判断材料となるのが決算書であり、企業の公表する決算書は利害関係者に対して多大な影響を与えることになるのです。

図表1-4　**決算書の公表と利害関係者**

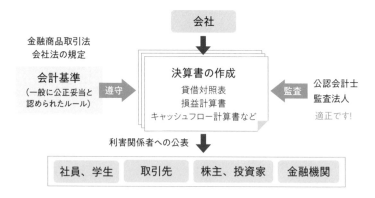

2．会社はなぜ決算書（財務諸表という）を作成しなければならないか

　わが国では、会社の利害関係者を保護することを目的として「会社法」「金融商品取引法」「税法」の3つの法律によって、会社は決算書の作成が義務付けられています。

　会社法では、大企業であれ中小企業であれ、すべての会社は決算書を作成しなければならないとしています。これは、主に会社と取引を行う者（人や会社）や株主を保護することが目的です。

　また、証券取引所に上場している会社や一定額以上の有価証券を発行している会社は、決算書を作成し、（有価証券報告書として）公表しなければなりません。これは金融商品取引法で定められており、主に株式などの取引を行う投資家の保護を目的としています。

　このような企業はホームページ上でも自社の決算書を公表しており、誰でも簡単に見ることができます。

　また、税法では、会社の獲得した利益（税法では所得という）に対して課税をするために、すべての会社に決算書の作成を義務付けています。

図表1-5　決算書の作成目的

法律	会社法	金融商品取引法	法人税法
対象企業	すべての会社	証券取引所の上場企業や一定額以上の有価証券を発行している会社	すべての会社
目的	主に会社の取引先や株主の保護	主に株式などの取引を行う投資家の保護	利益（税法では所得という）に対して課税する

決算書は会計基準に従って作成され、監査を受ける

1．決算書は会計基準に従って作成しなければならない

　このように利害関係者に重要な影響を与える決算書を、もし会社が自由に作成したならば、恣意的な操作が行われ、決算書に対する社会的な信頼性の確保は難しくなってしまいます。

　そこで、金融商品取引法や会社法では、会社の作成する損益計算書、貸借対照表などの決算書について、その計算方法や表示の仕方について、「一般に公正妥当と認められた『会計基準』に基づいて作成しなければならない」としています。

　日本の会計基準は、企業の経理担当者や公認会計士などのメンバーで構成された企業会計基準委員会という組織によって作成、公表されており、原則としての「会計基準」だけでなく様々な指針や実務での対応の仕方など、詳細な会計処理に関する意見を公表しています。企業の経理担当はこのような会計基準にもとづいて決算書を作成しなければならないのです。

2．日本では4つの会計基準が認められている

　現在日本では、「日本会計基準」「米国会計基準」「国際会計基準(IFRS)」「J-IFRS」の4つが会計基準として認められています。公表されている会社の決算書を見ると、どの会計基準によって作成されているか記入されており、決算書の様式も若干異なっているため注意してください。

「日本会計基準」は、日本独自の会計基準であり、「米国会計基準」は、アメリカで採用されている会計基準です。「国際会計基準(IFRS)」は「International Financial Reporting Standards」の略で、

EU域内の上場企業に対して導入が義務化されています。「J-IFRS」は、日本会計基準とIFRSのあいだに位置付けられた内容で、2016年３月期末より適用されています。IFRSの内容を、日本国内の経済状況などに合わせて調整した会計基準です。

　なぜ会計基準が複数あるのか、それは各国が経済環境や歴史に応じた独自の会計基準を設けており、グローバルな企業活動を行う場合それに従わざるを得ないからです。

　例えばアメリカでは日本の会計基準で作成された決算書は認められておらず、こうした背景から日本国内でも米国会計基準の適用が可能になり、さらにIFRSも選択可能になったのです。

３．会計監査によるチェック機能がある

　このように会社の決算書の作成ルールは厳格に決まっているとはいうものの、経営者は、業績が悪い時にはどうしても実態よりもよく見せようという誘惑にかられるのが実情です。

　経営者の立場からすると、業績が悪かったり経営判断の失敗による損失が生じた場合、経営責任を追及されたり、あるいは、銀行などからの経営資金の調達も難しくなる可能性があります。

　このような状況に陥った場合、不適切な会計報告が行われる可能性が生じてきます。

　そのため、金融商品取引法や会社法では、上場企業などが会計報告を行う場合、会社から独立した第三者で職業専門家としての公認会計士または監査法人（公認会計士の集まった会社）の監査を受け、会計基準に従って適正に決算書が作成されているか否かのチェックを受けなければならないことになっています。

国際会計基準には経常利益がない

1．国際会計基準導入のメリット

　前述した4つの会計基準のうち、ここでは日本の会計基準と国際会計基準を比較し、その違いを見てみましょう。

　国際会計基準は2005年にEUで義務化されて以来普及が進み、現在は世界130か国で正式に採用されています。日本では導入の義務化はされていませんが、次のようなメリットがあるため、多くの上場企業が任意で導入しています。

　例えば、国際取引を行う時に、国際会計基準の決算書があれば海外の取引先に自社の経営状態の説明がしやすくなり、海外の投資家からの資金調達も受けやすくなります。また、海外に子会社を持つ場合は、国内の会計と統一できるため財務情報の把握がスムーズに行えますし、海外の企業を買収する上でも便利です。

　企業活動をグローバルに展開するうえで国際会計基準による決算書は不可欠なのです。

2．国際会計基準と日本の会計基準の違いはどこか

　国際会計基準と日本基準との違いは、専門的な説明では、「原則主義」と「細則主義」、純資産を重視する「資産／負債アプローチ」と「収益／費用アプローチ」など、決算書作成の基本的な考え方が異なるといわれています。しかし、2000年度から日本の会計基準は国際会計基準に合わせて徐々に変更され、今では大きな違いはほとんどありません。

　これから決算書の読み方を学習する場合、上記のような専門的な理解は必要ではなく、次のようなポイントを理解していれば十分です。

・損益計算書の様式が異なる。

図表1-6 損益計算書の様式の相違点（例示）

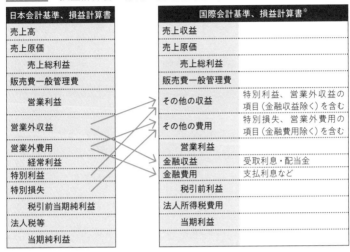

日本会計基準、損益計算書
売上高
売上原価
売上総利益
販売費一般管理費
営業利益
営業外収益
営業外費用
経常利益
特別利益
特別損失
税引前当期純利益
法人税等
当期純利益

国際会計基準、損益計算書※	
売上収益	
売上原価	
売上総利益	
販売費一般管理費	
その他の収益	特別利益、営業外収益の項目（金融収益除く）を含む
その他の費用	特別損失、営業外費用の項目（金融費用除く）を含む
営業利益	
金融収益	受取利息・配当金
金融費用	支払利息など
税引前利益	
法人所得税費用	
当期利益	

※国際会計基準で作成された損益計算書の一例であり、これ以外の様式もあります。

　図表1-6は、日本の会計基準と国際会計基準で作成した損益計算書の違いの例です。

　この例では、日本基準では経常利益がありますが国際会計基準ではありません。国際会計基準では受取利息・配当金や支払利息などは「金融収益・費用」として計上されます。

　また、金融収益・費用を除く営業外損益や特別損益は「その他の収益」「その他の費用」として営業利益に含まれます。

・その他の相違点（のれんや売上高の内容について）

　国際会計基準では、一部の販促費用が実質的に値引とみなされ売上高からマイナスされることがあります。また連結決算を行ったり、企業買収をする場合「のれん」が生ずることがありますが、この処理方法も日本基準と国際会計基準では異なっています（「のれん」については「法則34」参照）。

決算書には個別決算書と
連結決算書がある

1．個別決算書と連結決算書がある

　会社は規模が大きくなるにつれて、**子会社**の設立や他の会社の買収により、企業グループを形成して活動を続けていきます。

　例えば、次の図表1-7のように、親会社であるA社はB、Cの会社の株式を100％持ち、D社の株式を80％持って**子会社化**して経営を行っています（基本的には50％を超える株式を所有すると子会社となります）。

　また、E、F社については、25％、40％の株式を所有しており、**関連会社**（株式の20％以上50％以下の所有の場合は、子会社ではなく関連会社といいます）となります。

　A社のようなグループの場合、子会社であるB、C、D社は、法人としては別会社ですが、実質的にA社の支配のもとにあり、同一の会社と見たほうが実態を反映しているとして、グループ全体で決算書を作成します。これが**連結決算書**です。

　なお、E、F社は、A社の完全な支配の下にありませんが、A社の影響を受けやすいとして、株式の所有割合分だけ連結決算の範囲に含まれることになります。

　例えば、E社、F社が利益を上げた場合、E社は25％分、F社は40％分がA社グループの利益に含まれます。

　なお、A社だけでなく、B、C、D、E、F社ともに、それぞれが法律的には独立した法人ですから、単独で決算書を作成しており、それを**個別決算書**といいます。

　現在、世界的に見ても、連結決算書が重要視され、日本の上場企業でも連結決算書が中心の決算報告が行われています。

図表1-7　損益計算書の様式の相違点（例示）

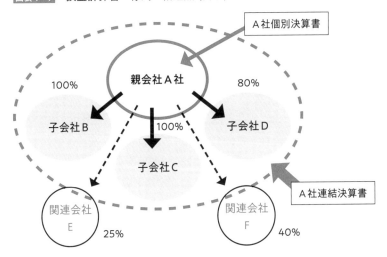

2. 子会社、関連会社の範囲は実質的に支配しているか、影響があるかによって決まる

　上記の説明では50％、20％と単純化して「子会社」「関連会社」の説明を行いましたが、もう少し詳しく子会社、関連会社の範囲について説明しましょう。

・**子会社の範囲**

　親会社だけでなくグループの会社と合わせた持株比率が50％を超えると子会社になりますが、たとえ50％以下であっても取締役の過半数を親会社から派遣しているなど、実質的に支配している状況が認められる場合には連結子会社となります（**実質的支配力基準**という）。

・**関連会社の範囲**

　また関連会社も、持株比率が20％未満であっても代表取締役などを派遣していたり、財務や営業等の方針決定に重要な影響力があれば関連会社となります（**影響力基準**という）。

連結決算書は単純に
個別決算書を合算したものではない

1. 連結決算書はグループ内の企業集団を1つの会社として作成される

　図表1-8は、G、H両社の個別の決算書とG社の連結決算書です。G社はH社の発行する株式の60％を所有し親会社になります。連結決算書にある売上高や売掛金・買掛金などの債権債務の数値が単純な合算数値でないことに注意してください。

図表1-8　G社、H社の個別決算書と連結決算書

G社の個別損益計算書

仕入高	700	売上高	1,000
販売費	200	受取利息	10
利益	110		
計	1,010	計	1,010

・売上高のうち300、受取利息10はH社との取引によって生じたもの

H社の個別損益計算書

仕入高	450	売上高	600
販売費	100		
支払利息	10		
利益	40		
計	600	計	600

・仕入高のうち300、支払利息はG社との取引によって生じたもの

G社の連結損益計算書

仕入高	850	売上高	1,300
販売費	300		
利益	150		
計	1,300	計	1,300

・親会社の所有者に帰属する利益90
・被支配株主に帰属する利益60

G社の個別貸借対照表

現金預金	100	買掛金	300
売掛金	300	借入金	150
棚卸資産	180		
貸付金	100	資本金	250
H社株式	120	利益剰余金	100
計	800	計	800

・売掛金のうち100、貸付金100がH社に対するもの

H社の個別貸借対照表

現金預金	70	買掛金	150
売掛金	200	借入金	100
棚卸資産	130	資本金	100
		利益剰余金	50
計	400	計	400

・買掛金のうち100、借入金100はG社に対するもの

G社の連結貸借対照表

現金預金	170	買掛金	350
売掛金	400	借入金	150
棚卸資産	310	資本金	250
貸付金		利益剰余金	100
のれん	30	被支配株主持分	60
計	910	計	910

2. グループ内部の売上、債権債務、資本取引は相殺消去する

　連結決算書はグループ企業全体を1つの会社とみなして決算書を作成するため、親会社・子会社間で行われた取引や子会社間で行われた取引は、いわば内部の部門間取引とみなされて、なかったものとして消去されます。

　まず、G社の売上高のうち300はH社に対するもので、逆にH社の仕入高のうち300はG社からのものですので、互いに消去されます。受取利息、支払利息も同様に消去され、連結決算書では何もなかったことになってしまいます。

図表1-9　内部取引による相殺消去と連結決算書の数値

	勘定科目	G社	H社	GH合計	内部取引	連結決算書
収益・費用	売上高	1,000	600	1,600	-300	1,300
	受取利息	10		10	-10	0
	仕入高	700	450	1,150	-300	850
	支払利息		10	10	-10	0
債権・債務	売掛金	300	200	500	-100	400
	買掛金	300	150	450	-100	350
	借入金	150	100	250	-100	150
	貸付金	100		100	-100	0

　G社の売掛金100とH社の買掛金100も消去されます。

３．資本取引（H社株式とH社の純資産）も消去される

　なお、H社は資本金100と利益剰余金50を合わせて150の純資産がありますが、これに対しては60％の90がG社の持分となります。しかし、G社はH社の株式を120で購入しており相殺時の差額30が出ています。この差額を「**のれん**」といいます。

　またH社の純資産の残りの40％分の60がH社以外の株主の持分であり、これを「**非支配株主持分**」といい、「のれん」と同様に連結決算書に表示されます。

　次の図表は、この相殺を会計上の「仕訳」で表現したものです。

図表1-10　H社株式とH社の純資産との相殺仕訳

借方：資本金	100	貸方：H社株式	120
利益剰余金	50	非支配株主持分（連）	60
のれん（連）	30		

※（連）は連結決算書に残るという意味です

　なお、連結決算書に計上された利益150のうち60％の90が親会社の利益に、残りの40％分の60が非支配株主（親会社以外の株主をいう）に帰属する利益となります。

家計の豊かさは収支と
財産・負債で判断する

1. 家計簿にも2つの種類がある

第2章で会社の決算書を見る前に、家庭の家計簿を見ながら「豊かさ」を比べてみましょう。はじめに、家計簿にも2つの種類があることを理解してください。

一つは、日々の収入や支出を記入する現金の収支による一般的な家計簿です。もう一つは、家庭にある財産と負債をリストアップするものです。この家計簿についてはあまりなじみがないかもしれませんが、フィナンシャルプランナーなどが、将来の生活設計の仕方をアドバイスするためなどに作成するものです。

図表1-11はIさんとJさんの2つの家計簿で、左側に支出と財産、右側に収入と負債・純財産を記入しています。

図表1-11　IさんとJさんの家計簿と財産と借金（単位：千円）

Iさんの家計簿（収入と支出）

支出	食・衣料費	3,500	収入	給与収入	14,000
	通信・光熱費	1,500		利息配当金	200
	趣味娯楽費	3,000		臨時収入	1,800
	教育費	2,000			
	家賃	2,000			
	税金	3,000			
残金		1,000			
計		16,000	計		16,000

Jさんの家計簿（収入と支出）

支出	食・衣料費	2,500	収入	給与収入	4,000
	通信・光熱費	1,500		副収入	1,500
	趣味娯楽費	500		利息配当金	500
	教育費	2,000			
	家賃	0			
	税金	500			
			不足額		1,000
計		7,000	計		7,000

Iさんの財産と借金

財産	現金預金	2,000	負債	短期ローン	2,500
	車	2,000			
	家具・電気製品	1,000	純財産		5,000
	土地・建物	0			
	その他	2,500			
計		7,500	計		7,500

Jさんの財産と借金

財産	現金預金	4,000	負債	長期借入金	20,000
	車	6,000			
	家具・電気製品	3,000	純財産		80,000
	土地・建物	80,000			
	その他	7,000			
計		100,000	計		100,000

2．「収入と支出」で見るとどちらの家計が豊かでしょうか

「収入と支出」で記入された家計簿を見ると、Ⅰさんは給与収入や臨時収入など合わせて16,000千円の収入を上げており、また趣味娯楽費も年間3,000千円と、かなりリッチな生活のようです。1年間で1,000千円の黒字（残金）です。

　一方Ｊさんは本人の給与収入4,000千円と奥さんの副収入、利息配当金合わせて6,000千円の収入がありますが、大学生の子供にかかる教育費の負担もあり、支出が合計7,000千円となって、1,000千円の赤字（不足額）となってしまいました。

　この収支では、Ⅰさんのほうが豊かといえるでしょう。

3．「財産と借金」で見るとどちらの家計が豊かか

　財産・借金の状態を記入した家計簿を見てみましょう。

　Ⅰさんは財産に土地建物はなく、賃貸住宅に住んでいると思われます。めぼしい財産を挙げると、現金預金、車、家具や電気製品、その他であり、それぞれの時価を見積もるとⅠさんの所有する財産は合計約7,500千円です。

　なお、子供の進学時に銀行から借りた借金があり、それを差し引くと5,000千円がⅠさんの**純財産**となります。

　一方、Ｊさんは、先祖代々から相続した土地・建物はじめ合計100,000千円の財産を持ち、長期の借入金を差し引いても80,000千円の**純財産**を持っています。

　この2つの家計の財産や借金の状態を見るとＪさんのほうがはるかに豊かといえます。

　ここでは家計を例に「豊かさ」を比較しましたが、会社の場合でも「どちらが優良企業か」を比較するには、収支と財産・負債（会社では損益計算書、貸借対照表という）の2つの数値を見て判断するという点では全く同じです。

第 2 章

損益計算書（PL）で
会社の儲ける力を判断する

この章では、決算書の見方として、はじめに損益計算書の見方から説明することにします。

損益計算書には、売上高や利益などの会社の業績が示されています。一般のビジネスパーソンにとって日常よく見聞きする用語と内容が書かれており、なじみやすいことが理由の一つです。

また、年々の（損益計算書の）業績を積み上げた結果が貸借対照表の内容となっており、先に損益計算書で会社の業績を理解しておくと貸借対照表も理解しやすいからです。

損益計算書を学ぶと、5つの種類の利益があることがわかります。したがって会社の業績が好調か否か判断するためには、この5つの利益の意味を理解することがスタートです。

さらに一歩深めると、会社は業績が不調の時は資産を売却して最終的な利益を大きくしたり、逆に好調の時には、これまで抱えていた潜在的な損失を計上して最終的な利益が少なくなることもあります。このような利益調整的な活動によって、最終的な利益（当期純利益という）の大小が、必ずしも会社の業績と連動しないこともあることが理解できるようになります。

損が出るか益が出るか
計算することが損益計算

1. 損益計算の基本パターン

　会社の利益は、一定期間（通常1年）の間に獲得した「収益」から「費用」を差し引いて計算されます。

　会社では、発生した様々な取引をもとに収益と費用の集計を行いますが、その結果、利益が出る場合と損失が出る場合があり、その計算を行うことを文字どおり**損益計算**といういい方をします。損益計算の内容が示されている表が**損益計算書**です。

　これを英語では「Profit and Loss Statement」といい、略してPLといわれます。あるは「Income Statement」と表現されることもあります。

　次の図表2-1は簡単な損益計算書（勘定式という）のフォームを示したものですが、費用が80に対して収益が100と上回っており、20の利益が出ているケースです。

図表2-1 損益計算で利益が出た場合

損益計算書

費用　80	収益　100
利益　20	

収益>費用の場合

図表2-2 損益計算で損失が出た場合

損益計算書

費用　100	収益　80
	損失　20

費用>収益の場合

　これに対して、図表2-2の損益計算書では収益80に対して費用が100かかっており、20の損失が出てしまいます。

　この2つの図表は、会社の損益計算書の基本パターンであり、収益を右側に、費用を左側に記入することが決まりになっています（なお、会計の分野では左側を「借方」、右側を「貸方」といいます）。

2．主な費用・収益の項目（勘定科目という）

　会社ではどのような費用や収益が発生するか、多くの会社で発生する典型的な勘定科目を見てみましょう。この内容については「法則12」で説明します。

図表2-3　費用と収益の主な項目

費　用	収　益
□ 商品・製品、サービスの原価	□ 商品・製品、サービスの売上高
□ 販売費及び一般管理費	□ 利息収入など
・広告宣伝費	・預金利息
・販売促進費	・配当金収入
・人件費	・建物、土地の賃貸収入
・修繕費	・その他本業以外の収入
・事務消耗品費	
・地代家賃	
・減価償却費　など	
□ 利息等	□ その他の収入など
・支払利息	・有価証券の売却益
・有価証券評価損	・土地の売却益　など
□ その他損失　など	
・貸倒損失	
・固定資産除去損	

費用・収益は支出・収入とは異なる

1、収益と費用とは何か、どんなものがあるか

　収益は経営活動によって獲得した成果のことです。製造業や小売業の場合、会社の本業である商品・製品の販売やサービスの提供によって獲得した**売上高**があります。

　これ以外に預金や社債などの債権を持っていると**利息の収入**があります。また株式を所有していると**配当金の収入**があります。所有している土地や建物を誰かに貸した場合には**賃貸収入**もあり、株式や土地などを売却すればその収入など、本業以外の稼ぎによる収益も様々なものがあります。

　費用は売上げた商品・製品の原価分（工場で発生した費用はすべて原価として計算されます）やその販売段階で要した販売促進費や配送費、人件費や営業所の費用、さらに本社の管理費などが主要な項目です。

　これ以外にも銀行から借入金があると支払利息が発生し、株式や土地などを購入価格以下で売れば売却損が発生し、これらも費用に含まれます。

　さらに経営活動を行うにあたって生ずる、次のような様々な損失も、損益計算上は費用として計上されます。

・売掛金などの売上債権や貸付金のうち、回収が困難になった貸倒損失

・所有する株式や在庫などが値下がりし、購入価格以下になってしまった場合の評価損

　以上の収益と費用の主な項目は、「法則11」の図表 2-4 に示しています。

2．収入・支出と収益・費用の違いはどこにあるか

　前章の家計簿のケースでは「収入」と「支出」で生活の豊かさを計算しましたが、会社の損益計算では「収益」と「費用」で利益を計算します。

・**収入と収益の違いについて**

　収益は必ずしも収入と同じではありません。例えば、商品を販売してその代金をすぐ回収すれば「収益＝収入」ですが、代金の回収が3か月後という場合もあります。この場合には、商品を販売した時点で収益を計上しますが、収入にはなっていません。

　収入は現金を受け取ることですが、収益は財やサービスを提供した対価のことをいい、提供したその時点で現金を受け取っていなくても計上されることになります。

・**支出と費用の違いについて**

　収入と収益が異なるように、支出と費用もまた異なります。例えば、広告宣伝を行ったとし、即代金を現金で払ったとすると「支出＝費用」です。しかし、広告宣伝を行った時点で現金の支払いをせずに、その後に請求書を受け取り、1～2か月後に支払いが行われるような場合があります。この場合には、広告宣伝を実施したり、請求書を受け取った時点で費用は計上されますが、まだ支出は行われていません。

　支出は現金を支払うことですが、費用は経済的な価値を消費したことを意味し、価値が消費された時点で計上されることになります。

簡単な様式（勘定式）の損益計算書では業績を判断しにくい

1、A社の業績は好調か

　次の図表2-4は、A社（製造業）の損益計算書で、右側に収益項目、左側に費用項目を記入しています、このような様式を「勘定式の損益計算書」といいます。

　この損益計算書を見ると今期は4,000千円の当期純利益が計上され、一見すると業績は好調ではないかと思われます。

　そこで、BさんとCさんの2人が、A社の経営状態が本当に良好か否か、この損益計算書についてもう少し詳しく検討することになりました。

図表2-4　A社の損益計算書			(単位：千円)
費　　用		**収　　益**	
勘定科目	金　額	勘定科目	金　額
・売上原価	40,000	・売上高	50,000
・広告宣伝費	8,200	・サービス収入	10,000
・人件費	12,000	・賃貸収入	2,300
・修繕費	1,200	・受取利息、配当金	1,500
・その他管理費	2,500	・投資有価証券売却益	5,800
・支払利息	2,100	・土地売却益	6,000
・有価証券評価損	600		
・災害損失	3,200		
・法人税等	1,800		
・当期純利益	4,000		
合　　計	75,600	合　　計	75,600

（注）青文字の勘定科目は本業以外による費用・収益を示しています

> Bさん：利益が出ているし、業績は悪くはないのでは! 利益率も高い

> Cさん：A社の利益は資産の売却によるもの。本業の業績は苦しく、会社が潰れることも考えられる

　その結果、Bさんは、「経費が多めになっている点が気になるが純利益は4,000千円出ており、売上高の50,000千円に対して8

％の利益率となっている。高収益会社とはいえないが業績は悪くないのではないか」という見解でした。

これに対してＣさんは、「Ａ社は利益を上げているといっても投資有価証券や土地の売却で利益を上げているにすぎない。本業の製造業では儲かっていないのではないか、このまま推移するとやがて潰れてしまう！」と全く逆の見解を示しました（結論は「法則13」を参照）。

２．どの勘定科目が本業によるものなのか

さて、ＢさんＣさんのどちらの見解が正しいのでしょうか。

Ｃさんの「Ａ社は本業で儲かっていないのではないか」という言葉が気になります。

収益の項目を見ると、売上高やサービス収入は本業部分と思われますが賃貸収入は本業の収益なのか。また費用の項目もいろいろあり、売上原価や広告宣伝費、人件費などは本業部分と思われますが、その他管理費や支払利息は本業によるものなのか、本業とそれ以外を区分することはなかなか難しいものです。

損益計算書は会社の収益力、つまりその会社がどれだけ利益を上げる力があるかを見るものです。

しかし、このＡ社のように、すべての収益や費用の項目を集計して、最終的な利益だけを計算するような勘定式の損益計算書を作成してしまうと、業績が良いか否かわかりにくくなってしまいます。

例えば、売価と原価の差額でどの程度利益を上げているか、本業で本当に利益を獲得しているかなど、もう少し経営のプロセスごとに詳しく見なければ本当に利益を上げる力があるのかの判断は難しくなってしまいます。

損益計算書には5つの利益がある

1. 損益計算書で見る5つの利益

　損益計算書は会社の収益力、つまりその会社がどれだけ利益を上げる力があるかを見るものです。しかし、売価と原価の差額でどの程度利益を上げているか、本業で本当に利益を獲得しているかなど、もう少し詳しく見なければ本当に利益を上げる力があるのか判断は難しくなります。

　このため、世の中に公表される損益計算書は、次の図表2-5のように収益と費用の関連性の高いものをそれぞれ5段階で区分し、5種類の利益が計算される形式となっています。したがって、損益計算書を理解する場合、その5つの利益の意味を正しく理解しておくことが必要となります。

　まず図表2-5で5つの利益の計算方法を確認し、その意味を考えてみましょう。

図表2-5 5つの利益の計算方法

売上高		
売上原価	① 売上総利益（粗利益）	
	販売費及び一般管理費	② 営業利益
		営業外収益・費用　③ 経常利益
		特別利益・損失　④ 税引前当期純利益
		法人税等　⑤ 当期純利益

※いずれも利益を出した場合を想定しており、
　損失を出した場合は想定していません。

①売上総利益（＝売上高−売上原価）

　これは、販売された製品の売価と原価の差額であり、通常、粗利益といわれますが、損益計算書を外部に公表する時は**売上総利益**という名称で表示します。

　製造業であれば工場で発生した材料費や人件費、経費はすべて原価に含まれており、小売業などは商品の仕入価格が原価になります。

②営業利益（＝売上総利益−販売費及び一般管理費）

　売上を上げるためには販売に関する費用や本社部門などの管理費もかかります。売上総利益からこれらの販売費や管理費（販売費及び一般管理費という）を差し引いたものが営業利益であり、これは会社の**本業で獲得した利益**を意味します。

　営業利益と聞いたら、頭の中で自動的に本業の利益と置き換えてください。

③経常利益（＝営業利益＋営業外収益−営業外費用）

　営業利益に、営業外収益・費用をプラス・マイナスして算出したものが経常利益です（営業外収益・費用、経常利益については「法則15」を参照）。

④税引前当期純利益（＝経常利益＋特別利益−特別損失）

　経常利益に、特別利益と特別損失（特別損益という）をプラス・マイナスして求めたものが税引前当期純利益です（特別損益については「法則18」参照）。

⑤当期純利益（税引後当期純利益）

　会社は利益を上げると、法人税や事業税などの税金を支払わなくてはなりません。大企業の場合、大まかにいうと税引前当期純利益に対して約30％、中小企業の場合は約20％の法人税などが課せられます。当期純利益はこのような税金を支払った後の利益であり、**最終利益**、あるいは**配当可能利益**ということもあります。

5つの利益を見ると
会社の業績を判断しやすくなる

1. 5つの利益で会社の業績を判断してみよう

　5つの利益の意味がわかったところで、「法則11」で見たA社について、今度は**報告式**の**損益計算書**を見ながら、改めてその業績が良いか悪いか判断してみましょう。

　報告式の損益計算書とは、図表2-6のように、5つの利益とその計算プロセスを表示した損益計算書のことであり、世の中に公表される損益計算書はすべてこの形式になっています。図表2-6は、先のA社に関する基本パターンの損益計算書と報告式に作成し直したものを併記したものです。

　まず、5つの利益の意味を確認し、改めてA社の経営状態を考えてみましょう。

　売上高から売上原価を差し引いた粗利益（売上総利益）は20,000千円と確実に利益を上げていますが、本業の利益を示す営業利益は3,900千円の赤字となっています。売上総利益を上回る23,900千円の販売費及び一般管理費をかけてしまったからです。

　営業利益の赤字を、本業以外の賃貸収入や受取利息・配当金（営業外収益）で3,800千円獲得してカバーしていますが、支払利息が2,100千円発生しているためカバーしきれずに、その期の純粋な経営努力を示す経常利益でも2,200千円の赤字となってしまいました。

　A社は、営業利益や経常利益の赤字に見るように、その期の経営努力による業績は不振に終わってしまいました。そこで、何とか最終的な当期純利益を黒字にするように、投資有価証券や土地などの固定資産を売却して特別利益11,800千円を捻り出し、最終的に当期純利益4,000千円を計上したことがわかります。

図表2-6 A社の損益計算書（基本パターンと報告式）

基本パターン （単位：千円）

費　　用		収　　益	
勘定科目	金　額	勘定科目	金　額
・売上原価	40,000	・売上高	50,000
・広告宣伝費	8,200	・サービス収入	10,000
・人件費	12,000	・賃貸収入	2,300
・修繕費	1,200	・受取利息、配当金	1,500
・その他管理費	2,500	・投資有価証券売却益	5,800
・支払利息	2,100	・土地売却益	6,000
・有価証券評価損	600		
・災害損失	3,200		
・法人税等	1,800		
・当期純利益	4,000		
合　計	75,600	合　計	75,600

報告式 （単位：千円）

売上高		60,000
・売上高	50,000	
・サービス収入	10,000	
売上原価		40,000
①売上総利益		20,000
販売費及び一般管理費		23,900
・広告宣伝費	8,200	
・人件費	12,000	
・修繕費	1,200	
・その他管理費	2,500	
②営業利益		-3,900
営業外収益		3,800
・賃貸収入	2,300	
・受取利息、配当金	1,500	
営業外費用		2,100
・支払利息	2,100	
③経常利益		-2,200
特別利益		11,800
・投資有価証券売却益	5,800	
・土地売却益	6,000	
特別損失		3,800
・有価証券評価損	600	
・災害損失	3,200	
④税引前当期純利益		5,800
・法人税等	1,800	
⑤当期純利益		4,000

　「法則11」で見たように、Cさんの「A社は本業の製造業では儲かっていない、投資有価証券や土地などの資産の売却で利益を上げているにすぎない」という見方が正しかったことがわかります。

　このように、報告式の損益計算書では、5段階のプロセスに区分して利益を算出し、どのような経緯を経て利益が生み出されたか（あるいは損失が生じたのか）をわかりやすくしているのです。

売上高、売上原価は
本業で獲得した収益とその原価

　ここでは、損益計算書に登場してくる収益や費用の主要な科目について、主に製造業や小売業を想定して説明します。

1．売上高、売上原価

　損益計算書の一番はじめに登場する売上高は、その会社の本業によって獲得した売上代金やサービス収入が含まれます。例えば製造業であれば製品の販売代金やアフターサービスなどのサービス収入が売上高となります。

　なお、製造業や小売業にとって、預金の金利収入や賃貸収入は金融や不動産取引によって生じた収益であり、通常、本業外の収益とみなされ営業外収益に含まれます。

　しかし、金融機関や不動産業の会社であれば、お金を貸して金利を受け取ることや家や土地を貸して賃貸収入を受け取ることが本業であり、この場合には売上高（通常は営業収益という）に含まれますので注意してください。

　売上原価は、販売された製品や商品の製造原価あるいは購入原価です。製造原価の中には材料費や人件費、製造経費など様々な費用が含まれています。

　売上高から売上原価を差し引いたものが売上総利益であり、売価と原価の差額です。

2．製品の原価にはどんなコストが含まれているか

　原価とは、製造業でいえば工場で製品の製造に関して発生したコストをいい、小売業では販売目的で購入した商品の仕入金額のことです。

　製造業の工場の現場（D工場）をイメージしてみましょう。大

きな工場の建物の中で、製品を製造するために購入した材料や部品に対して、作業者が機械や工具を使って加工を加えていき、製品に仕上げます。

工場の門には警備の守衛さんがいて、工場内には事務所もあります、これらのすべてが原価です。

図表2-7　D工場で発生する主なコスト

費　目	内　容
材料費	・主要材料費（素材費）、買入部品費……製品の一部を構成するもの
	・消耗品費、消耗工具備品費、燃料費など
労務費	・従業員賃金・給与・賞与、退職給与
	・パート・アルバイト給与（雑給という）
	・退職給与、各種手当（交通費、住宅など）
	・福利費用（健康保険や雇用保険等の法定福利費、その他福利費）
経費	・外注加工費、動力費、修繕費、光熱費など
	・賃借料、減価償却費、保険料、固定資産税など
	・棚卸減耗費など

図表2-7はD工場で発生したコストを費目別に分類したものです。大きく材料費、労務費、経費の3つに分類されます。

材料費は主要材料や部品の購入コストです。労務費は人にかかわるコスト、賃金、給与、賞与をはじめとして会社負担の健康保険料や厚生年金、住宅手当などの福利費も人件費です。また、将来退職した時に支払われる退職金については月々積み立てられており、それも人件費に含まれます。

材料費、労務費以外のコストは経費として分類され、工場の建物や機械の減価償却費、電気代などの光熱費や修繕費、事務所で使う事務消耗品などがあります。

販売費及び一般管理費は本業の経費、営業外損益は本業外の損益

1. 販売費及び一般管理費の内容を見てみよう

　製品や商品の販売、サービスの提供など、会社の本業を営むためにかかった原価以外のコストが販売費及び一般管理費（販管費）であり、営業所や本社などで発生した費用です。

　通常、会社が公表する損益計算書にはその内容を詳しく書いてありませんが、図表2-8に例示する費用が含まれています。

　販売費及び一般管理費の内容を大きく分けると、製品や商品の販売やサービスの提供などの営業活動に関わる販売費と、本社のような管理業務に関わる管理費用の2つに分類できますが、どこまでが販売費なのかあまり区分することなく、販売費及び一般管理費と一緒にしている場合がほとんどです。

　販売費及び一般管理費は、広告宣伝費などのように製品・商品の販売活動に関わる**販売費**、本社や支店、営業拠点などで働く社員の給与や賞与などの**人件費**、土地代や家賃、建物の減価償却費などの**設備費**、それ以外のコストを**管理費**として区分されるケースがよく見受けられます。この4区分はあくまで一例で、どのように区分するかは会社によって異なる場合があります。

図表2-8　販売費及び一般管理費の主要な勘定科目

販売費及び一般管理費	販売費	広告宣伝費、販売促進費、配送料、交際費など
	人件費	給与、賞与、退職手当、法定福利費、住宅手当など
	設備費	地代家賃、減価償却費、修繕維持費など
	管理費他	通信費、旅費交通費、消耗品費、水道光熱費、保険料など

2．営業外収益・費用の内容を見てみよう

　営業外収益・費用は会社の本業以外の取引で発生した収益・費用（損失も含む）のことで、これを合わせて営業外損益ということもあります。

　製造業や小売業の例でいうと、銀行預金に対する受取利息、株式を保有して受け取った配当金、株や社債などの値上がりや売却などの金融取引によって生じた収益、また土地や建物の貸付けなどから生じた不動産の賃貸収益、海外取引を行い円やドルなどの相場の変動によって生ずる為替差益なども営業外収益になります。

図表2-9　主な営業外損益とその内容

	勘定科目	その内容
営業外収益	受取利息	預金の金額に対して発生
	受取配当金	所有株に対して発生
	不動産賃貸収入	所有の不動産に対して発生
	持分法投資利益	関連会社が利益を上げると株の所有割合分増える利益
	有価証券評価益	所有する株の時価が値上がりすれば発生
	有価証券売却益	値上がりした株を売却すれば発生
	為替差益	外貨建債権などについて為替変動のメリットがあれば発生
営業外費用	支払利息	借入金や社債の金額に対して発生
	手形割引料	手形を割り引いた時の手数料
	持分法投資損失	関連会社が損失を計上すると株の所有割合分が損失となる
	有価証券評価損	所有する株の時価が値下がりすれば発生
	有価証券売却損	値下がりした株を売却すれば発生
	為替差損	外貨建債権などについて為替変動のデメリットがあれば発生

　営業外費用には、会社が資金を借りた場合に発生する支払利息があります。その他、営業外収益の逆パターンで、株式の売買や値下がりによって生じた損失、為替の差損などがあります。

　本業で獲得した営業利益に、営業外収益をプラスし営業外費用をマイナスして経常利益が算出されます。

関連会社が儲かると
持分法投資利益が生ずる

　営業外収益・費用の項目として「持分法投資利益」「持分法投資損失」というわかりにくい勘定科目があります。ここではこの勘定科目について「連結」と関連して説明することにします。

1．「関連会社」は「持分法」によって「連結決算書」に含まれる

「法則6」で「連結決算書」について説明し、基本的には発行済株式の50％を超えて所有する会社を「子会社」として「連結」の対象としていますが、「株式の20％以上50％以下の所有」の場合は、子会社ではなく「**関連会社**」といいます、と説明していました。

「関連会社」とは、「支配していないが、重要な影響を与えることができる会社」のことであり「連結決算書」を作成する場合、これも対象としなければなりません。

　ただし、「法則7」で説明したように、「連結」の処理ではグループ内の内部取引や債権債務、資本取引を相殺しますが、持分法では、そのような処理は行わず、「関連会社」の税引後損益のうち持分割合を一括で計上することになります。そのため、通常の連結決算を「全部連結」、持分法による連結方法を「一行連結」と呼ぶことがあります。

　この「持分法投資損益」を計上する理由は、関連会社が獲得した利益はいつか配当や株式の売却損益によって実現されますが、事前にその損益を取り込むことでタイムリーに決算書に反映させる効果があるためです。

　なお、個別決算書の作成では持分法は適用されません。

2．持分法投資利益の計算方法と計上の方法

　E社は、F社の発行済み株式の30％を所有しており、F社は連結決算上の関連会社にあたります。

　F社が今期100の利益（税引後）を計上したとすると、E社はF社の株式30％を所有していますので、利益100のうち30％分である30がE社に帰属することになり、E社の連結損益計算書の収益（営業外）として30が計上されます、これが「**持分法投資利益**」です。

図表2-10　持分法投資損益の計算と表示方法

・関連会社F社に利益が出た場合

・関連会社F社に損失が出た場合

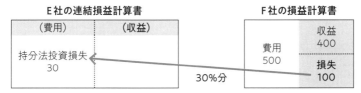

　逆に、F社が今期100の損失を計上したとします。この場合E社にはF社の損失の30％分が帰属することになり、E社の連結損益計算書の営業外費用の項目として30の損失を計上することになります。これを「**持分法投資損失**」といいます。

経常利益はその期の
経営努力によって獲得した利益

1. 長期保有の土地売却益はその期の努力で得た利益か?

　経常利益には、本業分と本業以外の両方の収益と費用が含まれることになりますが、これは**その期の経常的な経営努力**にもとづいて獲得した利益ということができます。

「経常的な経営努力」といってもわかりにくい表現ですが、臨時的、一時的に発生する特別な取引を除いて、毎期繰り返して発生するような取引で、という意味です。

　例えば、図表 2-11 のような土地や長期保有の有価証券を売却して得た利益の例で考えてみるとよくわかります。

図表 2-11　この土地の売却益は当期の経営努力の成果か?

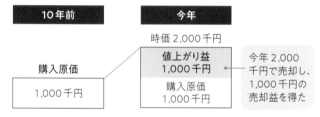

　これは、10 年前に 1,000 千円で購入した土地が値上がりし、今期 2,000 千円で売却し 1,000 千円の土地売却益が生じたケースです。この土地の売却益はこの期の経営努力によって獲得した利益といえるでしょうか?

　このような土地や長期保有の有価証券の売却益は、10 年間の間に徐々に利益が蓄積され、そこに含まれていた利益(**含み益**という)をその期に売却して得たものであり、純粋にその期だけの

経営努力だけで得た利益ではありません。

2. 経常利益はその期に汗水たらして（本業と本業外で）獲得した利益

　このような資産の売却による利益は、一時的、臨時的に発生する利益であり、よく業績が低迷した期の利益調節に使われることが多く、「益出し」と表現されることがあります。

　これらの損益を経常利益に含めると、その期の純粋な経営努力でいくらの利益を獲得したかわからなくなってしまいます。そこで日本の会計基準では、経常利益のあとに「特別利益」「特別損失」という枠を作って、一時的、臨時的な利益や損失が発生した場合、そこに表示することになっています。

　したがって、経常利益には当期の純粋な経営努力で獲得した項目だけが含まれることになり、言い換えれば、本業と本業外でその期に一生懸命汗水たらして獲得した利益を意味しているのです。

3. 経常利益は会社にとって重要な利益か？

　1980〜90年代には、利益目標として経常利益を第一に掲げる会社が多く見受けられました。

　当時はバブル経済といわれ、株価が上昇していた時期で、多くの会社が「本業だけでなく株式取引などの本業以外の儲けを含めて重要視していた」という時代の背景があったからです。

　現在では「本業に徹する」という会社が多くなり、「営業利益」を重要な経営指標とすることが多くなっています。

「特別損益」は一時的、臨時的に
生じた利益、損失

1. 特別利益、特別損失の内容を見てみよう

　次に特別利益や特別損失についてその内容や種類について見てみましょう。

　図表2-12に示すように、特別利益には、有形固定資産や投資有価証券の売却益、関係会社や子会社株式の売却益、土地売却益等があります。

　一方、特別損失には、有形固定資産や投資有価証券の売却損や除却損、固定資産価値が減少したことによる減損損失、事業部や子会社のリストラなどによる事業構造改善費用、清算損があります。また火災や地震などの自然災害による損失、何らかの理由で受けた課徴金や和解金なども特別損失となります。

　これらの損益項目は、会社の通常の活動ではなく、臨時的に生じた利益及び損失であり、それが巨額に上る場合に特別損益となり、金額が小さい場合には営業外損益などに含まれることがあります。

図表2-12 特別利益、特別損失の主な内容

特別損失	特別利益
・固定資産売却損、除却損	・固定資産売却益
・減損損失	・投資有価証券売却益
・事業構造改善費用	・関係会社株式売却益
・子会社、関係会社株式売却損	・子会社株式売却益
・投資有価証券売却損	・土地売却益
・火災、自然災害による損失	
・課徴金、和解金	

２．特別損益は利益調節の性質がある

　なお、特別利益、特別損失の中には、会社が経営活動を行うことによって必然的に発生する損益ではなく、その期の経営者の判断によって意図的に計上される項目が多く含まれることが特徴です。

　例えば、その期の（経常利益までの）業績が不振であり、当期純利益で赤字が見込まれた場合、土地や有価証券の売却によって最終的には黒字にすることも可能になり、特別利益は利益調節の目的で計上されることが多いのが実態です。

　新聞紙上では、このような利益調節目的の特別利益が計上された場合、「**益出し**」と見出しを付け、暗に「本当は赤字なのに資産を売り払って黒字にしたのですよ、注意してください」という意味を込めて報道することがよくあります。

３．会社に余裕がないとリストラはできない

　利益調節の代表が事業構造改善費用、つまりリストラ費用です。

　会社に不採算事業があり、そのリストラ、工場・設備の廃棄や人員整理を行うと、資産の除却費用や早期退職費用などの巨額の損失が発生します。もし、会社の経営状況が苦しい時に行うと赤字に転落する可能性があり、リストラを実施しにくくなります。

　しかし、もしその期にリストラ損失を賄っても十分な利益が計上できる場合には、早めにリストラを実施することがあります。リストラは会社に余裕があるとしやすいのです。

　また、固定資産の価値の減少によって発生する減損損失も、その計算は一定の兆候があるなどの会計ルールにもとづいて行われますが、最終的には価値が減少したか否かは経営判断によって決定され、これもある程度の範囲で操作可能な損失ということもできるのです。

当期純利益は、「税引後当期純利益」「配当可能利益」「最終利益」ともいう

1．税引前当期純利益は、連結では「税金等調整前当期純利益」という

　経常利益に、特別利益と特別損失の特別損益をプラス・マイナスして求めたものが税引前当期純利益です。

　特別利益と特別損失は、その期の経常的な経営努力の成果ではありませんが、その期に発生した利益または損失です。したがって、税引前当期純利益は、その期の経常的な経営努力によるものだけでなく、資産の売却による利益や自然災害などの影響による損益をも含めて、その期に獲得した利益の総額を意味します。

2．法人税などの内容、税率は通常いくらか

　ここで、法人税などの内容と会社が負担する税率について見てみましょう。

　会社は利益（税法では所得という）を上げると、法人税や事業税、住民税などの税金を支払わなければなりません。

　正確にいうと、税金は税法上の所得に対して課せられ、現在（2023年）のわが国の法人税率は所得に対して約23％、これに事業税や住民税が加わり、図表2-13のように実際には所得に対して約30％の税金がかかることになります。所得に対するこの割合は**実効税率**といわれています。

　税法と会計の計算ルールが異なるため必ずしも一致しませんが、所得に相当する会計上の利益は「税引前当期純利益」のことであり、公表されている各企業の損益計算書を見ると、おおかた税引前当期純利益に対して約30％前後の率の法人税などがかけられています。これが「法人税等」の内容です。

この実効税率を国ごとに比較してみると、次の図表2-13のとおりです。

図表2-13　財務省発表の実効税率の国際比較（2023年1月現在）

国	実効税率（%）
日本	29.74
ドイツ	29.93
アメリカ	27.98
フランス	25.00
イギリス	19.00

3．当期純利益は5つめの利益

　損益計算書の5番目の利益である「当期純利益」は、「税引前当期純利益」から会社が負担すべき「法人税等」を差引き、さらに「法人税等調整額」を足し引きして算出します（「法人税等調整額」については「法則20」参照）。

　当期純利益については、略して「税引後利益」、「純利益」、または「最終利益」ともいわれます。また、これが配当金等の利益処分の対象となるため、「配当可能利益」ということもあります。

　なお、連結損益計算書の場合、図表2-14のように、「当期純利益」の後に「親会社株主に帰属する当期純利益」と「非支配株主に帰属する当期純利益」が記入されています。これは連結グループ全体で獲得した利益が300であり、うち親会社持分の利益が240、親会社以外の株主持分の利益が60という意味です（「法則7」参照）。

図表2-14　連結損益計算書の当期純利益の表示方法（例）

当期純利益	300
親会社株主に帰属する当期純利益	240
非支配株主に帰属する当期純利益	60

法人税等調整額は
会計と税の違いを調整するもの

　損益計算書を見ると、税引前当期純利益から法人税などが差し引かれていますが、その次に「**法人税等調整額**」という項目が足し引きされて、当期純利益が表示されています。この「法人税等調整額」は税効果会計という会計のルールにもとづいて計算されるもので決算書を理解する上で最も難解な項目です。

1．会計上と税の利益（所得）の違いを調整するのが税効果会計

　会計上の利益計算と法人税法上の所得計算は必ずしも一致するとはかぎりません。

　会計は投資家や債権者などに対して業績を報告するのが目的ですが、税務は税金を計算することが目的です。したがって会計では将来の見込みを含めて、より慎重に保守的に利益計算をするため、損失が出そうであれば見積もって早めに計上します。

　これに対して税務は確実なことしか経費や損失として処理できません。見込みで経費を計上すると税金はいくらでも操作できてしまうからです。

　例えば企業が事業や資産のリストラなどを決定する場合や不良債権の貸倒処理を行う場合、損失を見積もって計上します。

　このような場合、会計上は損失として処理できても、税務上はまだ損金として認められないケースがよくあります。

　このようなケースでは、会計では損失を計上するものの、その期間に税務では損失扱いしないことになり、会計上の利益と税務上の利益（所得という）が異なってきます。その結果、会計上は利益が少ないのに、多額の税金を支払うことになり、利益と税金の額が見た目にもアンバランスな状態になってしまいます。この

ような会計と税務の違いを埋めるのが「**税効果会計**」という会計処理方法です。

2．「法人税等調整額」は支払った税金から減算・加算する

　次の図表2-15の事例を見ると、G社の税務上の利益（所得という）は200、税金の支払額は30％の60です。もし税効果の処理をしないで損益計算書を作成すると、税引前利益100に対して法人税等は60で税負担率は60％となってしまいます。

図表2-15　G社の損益計算書（基本パターンと報告式）

G社ケース：G社では、今期多額の不良債権が発覚し、特別損失として貸倒損失を100計上しました。しかし税務上 この貸倒について損金処理が認められませんでした。利益（所得）に対する税率は30％とします）

税務上の利益（所得）と税額	
売上高（益金）	2,000
営業費用（損金）	1,800
営業利益（所得）	200
法人税等（税率30％）	60

※なお、貸借対照表の資産の部に、繰延税金資産として30が計上される

会計上の利益（税金等の調整ない場合）	
売上高	2,000
営業費用	1,800
営業利益	200
特別損失（貸倒）	100
税引前利益	100
法人税等	60
当期純利益	40

この場合、税引前利益に対する税率は60％となってしまう

会計上の損益（税金等の調整後）	
売上高	2,000
営業費用	1,800
営業利益	200
特別損失（貸倒）	100
税引前利益	100
法人税等	60
法人税等調整額	-30
当期純利益	70

支払った税金は60だが、特別損失100に対する税金30は一種の"前払分"とみなして差し引く。

　これを、税効果会計を適用して調整すると、支払った法人税等の60のうち30は、いわば税金の"前払い分"とみなして調整し、法人税等から減算します。このような「法人税等調整額」によって税負担率のバランスが取れることになります。

　なお、上記の例は「法人税等調整額」が法人税等から減算されますが、逆に法人税等に加算される場合もあります。

当期純利益ではその期間の業績を 判断できないことがある

1. どちらが収益力のある会社か

　ここでは、2つの会社の損益計算書を比較してどちらの会社のほうが儲ける力（収益力）があるか検討して、実践的な判断力を向上することにします。

　次の図表2-16は売上規模の同じH社とI社ですが、収益力が高い会社はどちらか、様々な仮説を考えて判断してみましょう。

図表2-16　収益力の高い会社はどちらか?

科目	H社	I社
売上高	2,000	2,000
売上原価	1,450	1,500
売上総利益	550	500
販売費及び一般管理費	420	440
営業利益	130	60
営業外収益	40	20
受取利息配当金	35	15
有価証券評価益	5	5
営業外費用	30	30
支払利息	20	20
有価証券売却損	10	10
経常利益	140	50
特別利益	10	100
固定資産売却益	10	50
投資有価証券売却益	0	50
特別損失	50	20
事業構造改善費用	30	0
災害損失	20	20
税引前当期純利益	100	130
法人税等	30	35
当期純利益	70	95

2. 経常的な経営努力の結果で比較してみよう

　2社の比較では、当期純利益はH社の70に対してI社は95で

あり、一見するとI社の収益力が高そうな印象を受けます。

しかし、売上総利益や営業利益を比較してみると、H社は550、130、I社は500、60と大きな差があり、本業での業績を見る限りH社の収益力は明らかにI社よりも上です。

さらに、営業外費用の内容・金額は同じですが、営業外収益はH社の40に対してI社は20と、本業以外でもH社のほうが収益力は上回っています。

H社は利息配当金が多く、これは資金に余裕があり預金や株式などへの投資がI社よりも堅調に行われているように思われます。

以上の結果、この期の本業と本業以外を含む経営努力の成果を示す経常利益では、H社は140とI社の50をはるかに上回る数字を残しており、収益力に大きな差をつけていることがわかります。

3．特別損益を比較してみよう

では、最終的な利益である当期純利益がなぜI社のほうが高いのか。特別利益を見ると、H社は10ですが、I社は固定資産売却益と投資有価証券売却益の両方で100の特別利益を計上しており、資産を売却した「益出し」によって利益を捻出しています。これが当期純利益を高める大きな要因です。

一方、特別損失を見ると、両社とも災害損失20は同じですが、H社は事業構造改善費用30を計上しています。今期の業績が好調なため、不採算事業を整理するなどのリストラを実施したものと推測され、当期純利益低下の原因となっています。

さらに、H社は今期のリストラによって、今後のコストダウン効果が期待でき、営業利益や経常利益などでさらにI社に差をつけるかもしれません。

I社の損益計算書のように、最終的な当期純利益が大きい場合でも、その期の業績（経営努力）を正しく表していないことがある、ということに注意してください。

会社の収益力は経営指標で見ると 判断しやすくなる

「法則21」の2社の比較分析は、損益計算書の金額によって行いました。今度は、会社の収益力を示す図表2-17の経営指標（財務指標ともいいます）を活用して2社を比較してみましょう。

1．売上高総利益率（粗利益率）、売上原価率

売上高総利益率は、粗利益率ともいわれ、売上高に対する粗利益の率を示しており、製造業の場合、付加価値の高い製品を開発したり、生産力や販売力が強ければこの指標は向上するため、製品や販売面の総合力を示す指標ということができます。

小売業の場合は、粗利益は仕入価格に対してどれだけの価格で販売できたかによって決まるため、その会社の商品調達力や販売力を示す指標といえます。

H社とI社の粗利益率を比較すると、H社は27.5％でI社の25％を2.5％上回っており、H社の製品力や販売力が優れていることがわかります。

売上原価率は売上高に対する売上原価の比率を示すもので、粗利益率と逆数の関係になり、売上原価率が高いほど粗利益率は低くなります。H社の売上原価率は72.5％で、I社に比べて2.5％低くなっています。

図表 2-17 収益力を示す経営指標と2社の数値

収益力を示す経営指標	計算式	H社	I社
①売上高総利益率（粗利益率）	（売上総利益／売上高）×100	27.5％	25.0％
②売上原価率	（売上原価／売上高）×100	72.5％	75.0％
③営業利益率	（営業利益／売上高）×100	6.5％	3.0％
④販売費及び一般管理費率（販管費率）	（販売費及び一般管理費／売上高）×100	21.0％	22.0％
⑤経常利益率	（経常利益／売上高）×100	7.0％	2.5％
⑥純利益率	（当期純利益／売上高）×100	3.5％	4.8％

2．営業利益率、販売費及び一般管理費率

　正式には売上高営業利益率といいますが、売上高に対す営業利益の割合を示しており、会社の本業でどれだけ効率よく利益を獲得したかを示す指標です。

　この指標は粗利益率に加えて、販売力や管理活動の効率性によってその数値が決まります。

　H社の営業利益率は6.5％と、I社の3.0％に対して倍以上の利益率を上げており、本業での収益力に大きな開きがあります。

　販管費率は売上高に対する販売費及び一般管理費の率であり、営業や管理活動をいかに効率よく行ったかを評価するものです。

　H社は21.0％とI社より1％低く、費用効率の面でも優れていることがわかります。

3．経常利益率、純利益率

　売上高経常利益率は、売上高に対して本業と本業以外を合わせた経常利益をどれだけ獲得したかを示しており、その期の経営努力による収益力を示しています。H社の経常利益率は7.0％で、I社の2.5％の3倍近くの収益力となっています。

　売上高純利益率は売上高に対して当期純利益をどれだけ獲得したかを示しており、H社の場合、リストラを実施して特別損失を計上したため、7.0％の経常利益率に比べて純利益率は3.5％と半減してしまいました。

　逆に、I社は固定資産や投資有価証券を売却して特別利益を計上したため、経常利益率2.5％に対して純利益率は4.8％と倍近く増加していることがわかります。

「その他の包括利益」は
時価や為替の変動による利益

1. 包括利益計算書とは何か

　連結決算書を見ると、連結損益計算書の次に「連結包括利益計算書」が表示されており、内容は連結損益計算書の「当期純利益」に「その他の包括利益」を加えて「包括利益」を算出、表示しています。

図表 2 -18　貸借対照表、損益計算書と包括利益計算書の関係（いずれも連結）

期首連結貸借対照表

| 資産300 | 負債　200 |
| | 純資産100 |

期末連結貸借対照表

資産 350	負債　　200
	純資産 100
	増加額 50

純資産の増加額を包括利益という

連結損益計算書

| 費用　　　　70 | 収益 100 |
| ①当期純利益　30 | |

連結包括利益計算書

①当期純利益	30
②その他の包括利益	20
③包括利益（①＋②）	50

　図表 2-18 に示すように包括利益は、貸借対照表の期首と期末の純資産の増減額のことです。この純資産の増減は損益計算書の当期純利益とそれ以外の要因（その他の包括利益）の 2 つから構成されています。

2. その他の包括利益とは何か

　包括利益を構成する 2 つの利益のうち「その他の包括利益」とはどんな利益なのかその内容を見てみましょう。
「その他の包括利益」の内容は次の図表 2-19 の 5 項目です。
　このうち「その他有価証券評価差額金」は、長期保有目的の有価証券などの時価変動によって生じたものであり、「繰延ヘッジ

損益」と「土地再評価差額金」も同様に時価変動によって生じた
ものということができます。

　また「為替換算調整勘定」は、海外の子会社などを連結する際
に使用する為替レートの変動によって生じたものです。

図表 2-19　その他の包括利益の主な項目と内容

項　目	その内容
その他投資有価証券評価差額金	株式の持ち合いなど、長期保有目的の有価証券の時価が値上がり（または値下がり）して生じた原価との差
繰越ヘッジ損益	金利や為替などの相場変動のリスクを減少するため先物取引などで生じた利益、損失を一時的に繰り延べたもの
土地再評価差額金	土地を法律にもとづいて時価で再評価した場合に生じた差額
為替換算調整勘定	海外の子会社を円に換算して連結決算を行う場合、為替相場の変動によって生じた差額
退職給付に係る調整額	将来の退職金の支払いのために備えている金額について、見積もり上の差異が生じた場合に計上する

　「退職給付に係る調整額」は上記の項目と若干性質は異なるもの
の、「その他の包括利益」の大部分は一時的な時価や為替の変動
によって生じた利益（または損失）の増減分であり、経営努力で
獲得した損益計算書の当期純利益とは異質の利益ということがで
きます。

　したがって、包括利益は、企業の経営努力であれ時価や為替レー
トの変動であれ、（増資などの資本取引以外で生じたものを除
いて）純資産の増加をもたらすものはすべて利益であり企業価値
を高めるものとする考え方であり、企業価値や株主価値を重視す
る投資家にとって重要な資料となるものです。

（注）なお、「包括利益計算書」は「損益計算書」と別々に表示されている場合と、「損益及び包括
　　利益計算書」として一緒に報告されている場合があります。

儲けは、会計では「利益」、
税務では「所得」という

1．利益、所得の相違点はどこか

　我々は、日常よく「所得」という言葉を耳にします。「所得」とは何でしょうか、利益とどう違うのでしょうか。

　一般に「儲け」のことを「利益」といいますが、税務の世界では「所得」という用語を使います。では、会計の「利益」と税務の「所得」とはどこが違うのでしょうか。

　会計の目的は、会社の利害関係者に対して会社の経営状態を正確に測定し報告することであり、一般に公正妥当と認められた会計基準によって決算書が作成されます

　これに対して税法（法人税法）では、公平な課税を行うことを目的としており、「所得」の計算を行うにあたっては、会計と同様に一般に公正妥当と認められた会計基準に従って行うことを前提としつつも、それに加えて会計基準とは異なる計算ルールが「別段の定め」として規定されています。

2．会計基準とは異なる「別段の定め」とは

　例えば、交通違反を犯し反則金を会社が支払った場合には、会計上は費用処理されますが、交通反則金は罰金としての性格を有し、税務では費用（損金）として認められません。

　また、会社が多額の寄付金を支払って費用処理し、利益を減らして支払う税金を少なくすることも考えられます。このため税務では、一定額の寄付金しか損金として認めません。

　会計では、債権の貸倒などの将来の損失を見積もって費用計上しますが、損失金額の見積もりに恣意性が介入しやすいため、税務では一定額しか損金として認めません。

　このように、恣意的な判断が介入しやすい項目や税負担の公正を損ないやすい項目については、税務では会計のルールとは異なる「別段の定め」を設けています。

　上記の例以外にも、次のような「別段の定め」もあります。

図表 2-20　税法上の「別段の定め」の例示

交際費の損金不算入
減価償却費の償却超過額の損金不算入
法人税額等（法人税・住民税・罰金等）の損金不算入
受取配当金の益金不算入

3．税金は所得に対して課せられる

　以上の説明を要約すると次の図表2-21のようになります。

図表 2-21　会計と税務の相違点

　税務では、会計でいう収益を「**益金**」、費用を「**損金**」という用語を使用しており、税引前当期純利益に相当する項目を「所得」といいます。

　よく、「税引前当期純利益と所得は90％同じだが、10％分が異なる」といわれるように、「別段の定め」があるため税引前当期純利益と所得が完全に一致することはほとんどなく、若干異なることが普通です。網掛け部分が「別段の定め」によって異なる部分です。

　当然ながら、税金は所得の金額に対し税率を乗じて計算されるため、税引前当期純利益に対する支払税金の率とは、通常、若干の差が生じてきます。

第 **3** 章

貸借対照表（BS）で
会社経営の健全性を判断する

この章で学ぶこと

　この章では貸借対照表の基礎知識を学習します。

　一般的なビジネスパーソンにとって、売上高や利益を内容とする損益計算書は多少なりとも身近に感じやすいものですが、貸借対照表を目にする機会はあまりないのではないかと思います。

　第1章の「法則8」でIさんとJさんの家計簿を比較しました。そこでは2人がいくらの財産を持っていて、いくらの借金をし、その結果いくらの純財産があるかという比較をしました。

　会社の貸借対照表も、基本的には家計簿で見た内容と同じであり、そう難しく考えることはありませんが、会社には個人と異なった様々なお金の流れがあり、貸借対照表の作成方法もキチンとルール化されており、まずその作成方法やフレームワークを理解しておくことが必要です。

　その上で会社の健全性を判断するポイントや経営指標を理解していただくとともに、資産や負債にはどのようなものがあるか理解していただきます。

購入した財・サービスで
消費していないものが資産になる

　決算書を学ぼうとするはじめの段階で、モノやサービスを購入した時に損益計算書の費用になるか貸借対照表の資産になるか迷う人が多く見受けられます。ここでは、貸借対照表を学ぶ前に費用と資産の違いについて理解しておきましょう。

1. 購入した財・サービスを消費したら費用に、残っている場合は資産になる

　会社では、例えばパソコンを買ったり、広告宣伝をしたり交通費を払ったり、経営に必要な様々な財やサービスを購入します。会社がこのような財やサービスを購入した場合、それは必ず費用もしくは資産のどちらかに計上されることになります。

　もし、広告宣伝を実施したり、電車に乗ってしまえば、購入したサービスはすでに消費されてしまっており、広告宣伝費や交通費などの費用として損益計算書に計上されます。

図表3-1　**購入したら費用になるか資産になるか**

財やサービスの購入	財・サービスを消費した場合	損益計算書
・商品を購入した ・広告宣伝をした ・家賃を払った ・機械を買った ・社用車を買った	・財を使用してなくなった ・サービスを受けてしまった	費用：仕入／広告宣伝費／交通費／賃借料
	財・サービスをまだ消費していない場合(注) ・財はまだ使用している、残っている ・サービスはまだ受けていない	貸借対照表　資産：機械／車両／前払家賃

(注) 10万円未満の少額資産は費用処理できる

　しかし、機械や車を購入して期末時点でまだ財として残っている場合は、資産として貸借対照表に計上されます。

　また3月決算の会社が4月分の家賃を前払いした場合には、サービスはまだ受けておらず、これは前払費用として資産に計上されることになります。

2. 少額資産を購入した場合、消費されなくとも費用にできる

　では、100円でボールペンを購入し、3月決算の時点でまだ十分使用できる状態であったらこれは資産となるでしょうか？

　もし、このボールペンを資産として計上したら経理作業としてどんなことが発生するか想像してみてください。

　100円で買ったボールペンのインクがどの程度残っているか測定し、インクが減った分だけ費用にするという手間のかかる作業が必要になってしまいます。

　そこで税務のルールでは、このような少額資産を資産として取り扱うと事務作業の負担がかかるため、1個当たり10万円未満であれば、完全に消費されず残っていてもその期の費用（損金）として処理することを認めています。

　日本の会社のほとんどは、この税務のルールを会社の経理ルールとして適用し、1個当たり10万円未満の少額資産は費用として処理しています。例えばパソコンを7万円で購入し決算時点でまだ使用していても、それは経理上の資産ではありません。

　なお、税務のルールと異なり1個当たり20万円以上の場合を資産としている会社もありますが、その場合には、税務のルールに合わせて再計算をして税務申告をしています。

　また、1個当たり10万円以上で購入した場合、その資産は有形固定資産としてその使用期間（耐用年数という）にわたって減価償却が行われ、時間の経過とともに費用化されていくことになります（減価償却については「法則63」を参照）。

貸借対照表は、一時点の資産、負債、純資産の金額を示すもの

1. 損益計算書は経営成績（フロー）を、貸借対照表は財政状態（ストック）を表示するもの

　第2章で損益計算書の見方を学びましたが、損益計算書は一定期間の収益と費用を集計して利益を表示するもの、つまり会社が儲かっているか否か、「**経営成績**」を見るものでした。

　これに対して貸借対照表は、例えば3月31日の一時点の資産、負債、純資産の金額（これを「**財政状態**」といいます）を表示するものです。損益計算書と貸借対照表の関係は次の図表3-2のようになります。

図表3-2 損益計算書と貸借対照表の関係

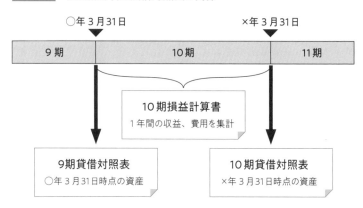

　損益計算書は1年間に発生した収益、費用、いわば年間の**フロー**を集計したものですが、貸借対照表は決算日の一時点の資産、負債、純資産の**ストック**の状態を表示するものです。

2．貸借対照表は、バランスシートともいわれる

では、簡単な例で貸借対照表の内容を見てみましょう。

図表3-3　貸借対照表の構成と具体例

資産 2,000	**負債 800**	現金預金	400
		買掛金	500

現金預金	400	買掛金	500
売掛金	300	借入金	300
商品	500	資本金	1,000
設備	800	利益剰余金	200
計	2,000	計	2,000

（左図）資産 2,000／負債 800／純資産 1,200

　図表3-3の左側の部分は、貸借対照表の基本的な構成を示しており、左側に資産、右側は負債と純資産で構成されています。

　図表3-3の右側部分は、資産、負債、純資産の内容を示しています。

　決算日の時点では、現金預金や商品、設備などの資産を合計2,000保有しており、また負債として買掛金や借入金が800あり、純資産としての資本金、利益剰余金の合計が1,200となっています。

　貸借対照表は別名バランスシートといわれ、これが世界共通の名前となっています。

　図表3-3に見るように、左側の資産の合計金額と右側の負債・純資産の合計金額が必ず一致する（バランスする）ことが名前の由来となっています。

貸借対照表は資金の調達と
運用の状態を示すもの

1. 会社の設立からの貸借対照表の変化を見ると

　貸借対照表は一時点の資産、負債、純資産の残高を表示するものではありますが、もう少し難しい表現をすると「どこから経営資金を調達してどのように運用しているかを表示したもの」といういい方もできます。

　その意味を理解するためには、会社を設立した時からの貸借対照表の変化を見るとわかりやすくなります。次のB社の設立からの事例によって元の貸借対照表がどのように変化するか見てみましょう。

1）Aさんは脱サラをして、それまで貯めてあった 1,000 千円をもとにB株式会社を設立し、会社の預金口座に振り込んだ。

2）B社は事業を開始にあたって、不足資金 500 千円を銀行から借り入れた。

3）B社は事業に必要な設備を購入し、800 千円支払った。

4）B社は販売目的の商品を 300 千円分購入し支払いを行った。

　1）の会社設立時、株主であるAさんから振り込まれた 1,000 千円は、貸借対照表の右側（貸方という）の資本金となります。資本金とは株主から調達した金額を意味します。

　一方、貸借対照表の左（借方という）側には現金預金という資産が記載されています。

　2）で銀行から借り入れを行ったため、右側に借入金 500 千円が記載され、資金調達の合計額は 1,500 千円となります。この時点で左側の現金預金は合計 1,500 千円です。

　3）・4）で事業開始のための設備、商品を購入して支払いを行ったため、現金預金がその金額だけ減少し、設備と商品に置き換わ

りました。

図表3-4 会社設立からの貸借対照表の変化　　　　　　　　（単位：千円）

1) 会社を設立した時

現金預金	1,000	資本金	1,000

2) 銀行から借金をした時

現金預金	1,500	借入金	500
		資本金	1,000
	計	1,500	計	1,500

3) 設備を購入した時

現金預金	700	借入金	500
設備	800	資本金	1,000
計	1,500	計	1,500

4) 商品を購入した時

現金預金	400	借入金	500
商品	300	資本金	1,000
設備	800		
計	1,500	計	1,500

2．右側が資金の調達、左側が資金の運用を示す

　この一連のお金の動きを整理すると、B社は株主と銀行から合計1,500千円の経営資金を調達し、その集めた資金を設備と商品にそれぞれ800千円、300千円と運用したことになり、その結果が4）の貸借対照表に集約されています。

　このように、それぞれのタイミングで貸借対照表を作成してみると、会社が経営資金をどこからいくら調達し（右側）、その調達した資金をどのように運用したか（左側）、その変化がよくわかります。

　このように、貸借対照表は、会社の資金の調達と運用の状態を示したものということができるのです。

(注) 貸借対照表は株主と債権者の持分関係を示したものともいうこともできます。会社が解散する場合を考えると、会社の資産を処分して債権者に負債を返済し、残った残余財産が（株式会社の場合）株主に分配されることになります。したがって、負債部分を債権者持分、純財産の部分を株主持分ということもあります。

経営資金の調達には
3つの方法がある

1. 利益を留保することも資金調達方法の一つ

　会社の経営資金の調達方法にはどんなものがあるか、「法則27」のB社のケースで考えてみましょう。

　B社は株式会社の設立にあたって、Aさんから1,000千円の払込みを受けこれが資本金となっています。**株式発行による資金調達**です。次に銀行からの借入金で500千円の資金を調達しています。**負債による資金調達**です。

　またB社が、今期、資産として保有していた商品300千円を現金400千円で売って100千円の利益を獲得したとします。利益をそのまま社内に留保した場合、貸借対照表には利益剰余金と表示され、図表3-5のようになります（商品はゼロに、現金は800千円になる）。

図表3-5 B社の貸借対照表の変化 （単位：千円）

4) 商品を購入した時

現金預金	400	借入金	500
商品	300	資本金	1,000
設備	800		
計	1,500	計	1,500

商品販売後

現金預金	800	借入金	500
商品	0	資本金	1,000
設備	800	利益剰余金	100
計	1,600	計	1,600

　利益を100千円獲得したことによって、B社の資産は1,500千円から1,600千円と利益剰余金分の100千円増加しています。つまり、会社は利益を留保することによっても経営資金を調達することになり、これを**利益留保による資金調達**といいます。

2. 3つの経営資金調達法

　会社の資金調達方法は大きく分類すれば、図表3-6に整理し

たように、大きく3つに分類できます。

図表3-6　会社の経営資金調達方法

1、負債による資金調達
- **金融機関からの資金調達（社債、借入金など）**
  支払利息の負担が発生するとともに、支払期日には返済義務の負担がある
- **通常の事業活動から生ずる負債（買掛金、未払金など）**
  信用取引による購買活動で発生する債務。利息負担はないが、支払期日には返済義務あり

2、株式発行による資金調達
- **資本金、資本剰余金**
  株式を発行して調達した資金などで、返済義務のない資金

3、利益の留保による資金調達
- **利益剰余金**
  経営努力によって獲得した利益で、会社に留保したもの

・負債による資金調達

　負債による資金調達には、銀行や証券会社などの金融機関から借入金や社債として調達する方法と、買掛金や未払金などの通常の事業活動から生ずる負債があります。

　金融機関から調達する借入金や社債は利息負担が生ずるため**有利子負債**といわれ、支払期日がくれば返済義務もあり、会社にとって返済のリスクが高い資金調達方法です。

　商品や材料などの購入、広告宣伝費などの経費は後払いの信用取引によることが多く、支払が行われるまで買掛金や未払金、未払費用などの名前で負債となります。

・資本金も利益剰余金も株主から預かったお金

　資本金・資本剰余金は主に株式発行により調達した資金などであり、これは株主から預かった資金です。また利益を貯め込んだ利益剰余金も、会社で獲得した利益は本来株主のものであり、それを配当金として配らず社内に留保したもので、これも株主から預かった資金となります。

貸借対照表は会社の
健全性を判断するもの

1．健全性が高い会社はお金に余裕のある会社

　第2章で学んだように、損益計算書は会社の**収益力**（儲ける力）を見るものでした。

　これに対して貸借対照表は、基本的には会社の**健全性**を見るもの、ということができます。ここでは貸借対照表を見て会社の健全性を判断してみることにします。

　会社の健全性（安全性ともいう）とは、言い換えれば会社が経営危機、あるいは倒産に至る可能性が高いか低いかという意味です。もっとシンプルにいうと、お金がたくさんあって借金が少なければ経営危機に瀕する可能性は低くなるため、健全性は「お金に余裕がある」こと、と言い換えることもできます。

　逆に借金がたくさんあってお金に余裕がない会社の場合には、健全性の低い会社ということになります。

2．健全性は資金調達のバランスで判断する〜自己資本比率〜

　では、どのように健全性を判断するか、それは会社の資金調達のバランスを見ることによって判断することができます。次のC社とD社を比較してみましょう。

図表3-7　C社とD社、どちらが健全か

C社の貸借対照表

| 資産100 | 負債30 |
| | 純資産70 |

D社の貸借対照表

| 資産100 | 負債80 |
| | 純資産20 |

　経営資金の調達法として、大きく分けて負債による調達と株主からの調達（純資産）の2つがあります。「法則28」で見たように、株主からの調達は株式の発行や利益の留保がありますが、これらはいずれも株主から預かった資金であり、会社が存続している間は返済義務がありません。会社にとって最も安全な資金調達法ということができます。

　C社、D社ともに資産100で経営規模は同じですが、C社は負債による資金調達は30であり、残りの70は返済義務のない純資産です。

　資産に対する純資産の比率を**自己資本比率**といい、会社がどの程度負債に頼らずに経営を行っているかということを表し、会社の健全性を判断する最も基本的な経営指標です。C社の自己資本比率は70%となります。

　これに対してD社は負債が80で、これは今後返済期日がくれば返済しなければなりませんし、また利息の負担も生じます。自己資本比率は20%とC社に比べてかなり劣っています。

　D社は、今後経営を行って獲得した資金から80もの金額を返済に充てなければなりません、これに対してC社の返済負担は30です。

　両社同じ規模で経営を行っているものの、両社を比較すると返済負担の少ない、つまり自己資本比率の高いC社のほうが健全性が高いことは明らかです。

(注) なお、ここでは2社の自己資本比率を、（純資産／資産）×100という計算式で算出しています（詳しい自己資本比率の計算方法については「法則38」参照）。

利益剰余金の大きさでも
健全性が判断できる

1. E社とF社、どちらのほうが健全性は高いか

　今度は、自己資本比率が同じく70%のE社とF社を比較し、どちらの健全性が高いか考えてみましょう。

図表3-8　E社とF社、健全性の高いのはどちらか

E社の貸借対照表

資産100	純資産	負債30
		資本金10
		利益剰余金60

F社の貸借対照表

資産100	純資産	負債30
		資本金65
		利益剰余金5

　▢ の部分は会社の外部からの資金調達

　両社とも、負債は少なく資産に対する純資産の割合を示す自己資本比率は70%であり、一般には健全性が高い会社ということができます。

　しかし、純資産の中の構成割合を見ると、だいぶ異なっています。E社は純資産の大部分が利益剰余金であるのに対して、F社は逆に利益剰余金はほとんどなく資本金が大部分です。

2. 利益剰余金は株主、債権者に依存せず自ら稼ぎ出した資金

　利益剰余金は、会社が経営努力によって稼ぎ出した利益を社内に留保したものであり、E社は経営に必要な資金100のうち60%は、株主にも債権者にも依存せず、自ら稼ぎ出したお金で経営を行っています。

　Ｅ社は、経営資金の60％を会社の外部を頼らず自分で作り出せる力があるのです。

　これに対してＦ社は、自己資本比率が高く健全性は高いように見えますが、純資産の大部分は株式を発行して株主から調達した資本金であり、負債の30と合わせて、経営資金の95％は会社の外部から調達したものです。

　Ｆ社は利益剰余金が５しかありません、つまり、Ｆ社は、経営に必要な資金を自ら稼ぎ出す力はほとんどなく、株主や債権者などに依存した経営を行っているのです。

　このように、自己資本比率が同じでも、純資産の中に占める利益剰余金の割合が高ければ高いほど、経営資金を自ら稼ぎ出す力があることになり、健全性は高いということができるのです。

3．利益剰余金比率を算出してみよう

　このように利益剰余金が大きいことは、会社の健全性を判断するうえで重要な意味を持っていますが、一般に、利益剰余金を用いた経営分析指標はありません。

　本書では、会社の健全性の評価指標の一つとして、次のような計算式で独自に「利益剰余金比率」を算出しています。

　利益剰余金比率＝（利益剰余金／資産）×100

　Ｅ社、Ｆ社についてこの指標を比較してみると、Ｅ社は60％、Ｆ社は５％と大きな差があることがわかります。Ｅ社の自立度60％、Ｆ社の自立度５％といってもよいでしょう。

債務超過の会社は 倒産状態の会社といえる

1．資産よりも負債が多い状態を債務超過という

　今度は倒産の危機に瀕している状態の会社の貸借対照表を見てみましょう。

　G社の貸借対照表を見ると、資産100に対して負債が110と負債のほうが大きくなっています。このような状態を債務超過といい、純資産はマイナスであり、資産に対する純資産の割合を示す自己資本比率はマイナスとなります。

図表3-9　**債務超過の状態**

G社の貸借対照表

純資産が左側にある場合には
マイナスの純資産を意味する

資産100 / 負債110 / 純資産10

　会社が債務超過に陥る原因は、赤字が続いたり所有する資産の時価が下落したりする場合がありますが、いずれにしても債務超過は正常な経営状態ではありません。

2．債務超過が続くと倒産の可能性が高くなる

　債務超過の状態は、貸借対照表の数字を形式的に見ても、資産をすべて処分しても負債を返済できない状態であり、負債が多く返済のための資金繰りに窮している状態です。

　債務超過イコール倒産ではありませんが、このような状態になると、銀行などの金融機関では融資の審査は通りにくく、資金調達が難しくなってしまいます。

　また、商品や材料などの仕入先から見ると、債務超過の会社は倒産する可能性が高いため、通常の信用取引による販売がしにくく、結果、取引を停止される可能性も高くなります。

　もし債務超過を解消するため新たな設備投資や新規事業への参入を考えたとしても、その資金調達は難しいのが実情です。「債務超過になる→信用が落ちる→売上や利益が減少する→資金がますます苦しくなる」という負のスパイラルが続くため、倒産の確率は高くなってしまいます。

3．実質債務超過の会社も多い

　債務超過に陥る会社は、現実には数多く存在するといわれていますが、このような貸借対照表を見かける機会はそう多くはありません。

　その一つは決算書を粉飾するからです。もし債務超過に陥った会社が債務超過の貸借対照表を公表すると、資金の借入などができなくなったり商品や材料の購入ができなくなるため、かえって倒産の可能性を高めてしまうからです。

　債務超過の決算書を公表する会社には、しっかりした親会社がある場合や一時的な理由で債務超過に陥っただけで、今後解消する見込みである場合が多く見受けられます。

　もう一つの理由は、実質的な資産価値が減少していた場合、決算書上では資産超過であるものの、実態は債務超過である企業もあります。例えば、多額の売上債権が回収不能になった場合、貸付金が多額にあるものの回収可能性が低いような場合、土地の時価が大幅に下落して含み損を抱えている場合などです。

　このように資産を実態に沿って評価した結果、純資産がマイナスになる場合には、実質債務超過といえます。

資産は流動資産と
固定資産に分けられる

1．流動資産は1年以内に現金化される資産

　貸借対照表の資産は、**流動資産**、**固定資産**に分けられます。

　会社の正常な営業循環、商品の仕入―在庫―販売―現金回収などの過程で生ずる勘定はすべて流動資産に分類されます（営業循環基準という）が、それ以外は原則として決算日の翌日から1年以内に現金化される資産を流動資産といい、1年以内に現金として回収されない資産は固定資産に分類されます。

　このように1年を基準に流動資産と固定資産に分けることを「ワン・イヤー・ルール（1年基準）」といいます。

　流動資産には、現金預金や受取手形、売上代金の未収を意味する売掛金などの当座資産、販売目的の商品や製品、材料などの棚卸資産、その他の流動資産があります。

2．固定資産には有形固定資産、無形固定資産、投資その他の資産がある

　固定資産は、建物や機械装置、土地などの**有形固定資産**、のれんや特許権、借地権などの**無形固定資産**、投資有価証券や関係会社株式などの**投資その他の資産**の3つに分類されます。

　有形固定資産は、文字どおり形のある資産で、土地以外はその使用期間（耐用年数）に応じて減価償却が行われ、費用化されます。

　なお、システム投資を行った場合には、形のある資産ではありませんが、その金額はソフトウエアとして無形固定資産に分類されます（のれんについては「法則34」参照）。

　投資その他の資産には、持合い株などの事業投資目的で長期的に保有する投資有価証券や関係会社の株式、回収期間が1年以上

先の貸付金、1年以上先の家賃などの前払分が含まれます。

図表 3-10　資産の区分と主要な勘定科目

区分		勘定科目	その内容
流動資産	当座資産	・現金預金	・通常の現金・預金以外の金銭信託なども含まれる
		・受取手形、売掛金	・商品、製品の販売など、通常の商取引から生じた手形債権、未収金
		・有価証券	・時価変動により利益を得る売買目的の有価証券
	棚卸資産	・商品、製品	・販売を目的とした資産で、外部から購入したものが商品、自社で加工したものが製品
		・仕掛品、半製品	・仕掛品は製造過程で未完成のもの、半製品は中間的製品で加工にも販売にも使われるもの
		・原材料、貯蔵品	・製品の素材を構成するものが原材料、燃料、工場や事務所の消耗品、包装材料などが貯蔵品
	その他の流動資産	・未収金、未収収益	・商品の売買以外によって生じた未収金や家賃や利息などの時の経過に伴って生じた未収金
		・前払費用、前払金、その他	・給与や家賃などの前払い分、手付金や内金などの支払金額、仮払い、立替金、その他
		・短期貸付金	・得意先などへの資金の貸付金額
		・貸倒引当金	・売掛金や受取手形、貸付金などの債権のうち回収が不能と判断された金額（マイナス数字で表示される）
固定資産	有形固定資産	・建物、構築物、土地	・建物は事務所、工場、倉庫、店舗など、構築物とは塀、鉄塔、看板など、工場や営業所、事務所などの敷地が土地
		・機械装置、備品、車両	・機械装置は工場や建設現場で使用される動力設備、備品は持運びが可能な機械など、トラック、営業車などが車両
		・建設仮勘定	・建設中の建物や機械装置などのこと、完成したら本来の勘定に振り分ける
	無形固定資産	・法律上の権利、ソフトウエア	・特許権、商標権、意匠権、採掘権などがある、ソフトウエアは販売や自社利用目的のプログラム開発費用
		・のれん	・純資産の金額以上の対価で企業や事業の買収を行った場合に発生する（法則34参照）
	投資その他	・投資有価証券	・満期まで保有の社債、持合株などの事業投資目的で長期保有目的の有価証券
		・関係会社株式	・親会社や子会社、関連会社などの株式の所有分
		・長期貸付金、長期前払費用	・得意先などへの資金の貸付金で回収まで1年以上要するもの、家賃などが1年以上先の期間に対応するもの
		・繰延税金資産	・会計と税のルールの相違によって生ずる税金の"前払分"
繰延資産			・有形資産や法的権利ではないが、支出の効果が将来に生ずるため、一時的に資産に計上したもの。創業費、開業費、開発費、株式交付費、社債発行費の5つ

　繰延税金資産は、税と会計の違いを埋めるための勘定科目で、支払った法人税などの"前払分"として減算された金額を一時的に資産として計上したものです（「法則20」参照）。

　繰延資産は、政策的な意味を持つ資産です。開業費用、新株や社債発行の費用などがあり、これらは発生した金額をすべてその期の費用とするとその期の利益が少なくなってしまうため、資産として計上して数年にわたって償却していくものです。

有価証券は保有目的によって
流動資産と固定資産に分けられる

1．売買目的の有価証券は流動資産、長期的な保有を目的にする有価証券は固定資産

　有価証券は、流動資産と固定資産の両方に出てきます。

　有価証券としては、株式、社債、国債や地方債、投資信託や貸付信託の受益証券などがありますが、これらは保有目的に応じて流動資産と固定資産に分類されます。

　売買目的の有価証券は、時価の変動により利益を得ることを目的とする（売買目的という）有価証券であり流動資産に計上されます。あくまで保有目的による分類であり、所有する期間が1年以下の短期間の場合でも長期に及ぶ場合でも関係ありません。

　投資有価証券は、長期的な投資を目的とする有価証券であり、次の図表3-11に示すように、満期保有目的の社債や国債等の債券とその他有価証券があります。

図表3-11　有価証券の区分と貸借対照表での表示方法等

有価証券の種類	勘定科目	貸借対照表の表示区分	時価評価の適用
売買目的有価証券	有価証券	流動資産	あり 営業外損益に計上
満期保有目的の債券	投資有価証券	固定資産―投資その他の固定資産	なし 取得原価で計上
その他有価証券	投資有価証券	固定資産―投資その他の固定資産	あり その他包括利益に計上
関係会社株式	関係会社株式	固定資産―投資その他の固定資産	なし 取得原価で計上

　その他有価証券とは、売買目的や満期保有目的でもなく、関係会社株式にも当てはまらない有価証券をいいます。例えば、資本提携等の友好関係を築くために互いの株を持ち合うような場合はその他有価証券に該当します。

なお、満期保有目的の社債や国債等の有価証券でも、満期までの期間が決算日から1年以内に到来するものは流動資産に計上されることになります。

(注) 保有目的が変更になる場合
もし資本提携等の目的で相手側の会社の有価証券を保有していたものの、提携を解消した場合には、その保有株式は固定資産の投資有価証券から流動資産の有価証券に変更になることもあります。

2．投資有価証券の時価変動分は評価換算差額等で調整される

売買目的の有価証券とその他の投資有価証券には時価評価が適用されることになります。

例えば、期中に100の金額で取得した株式の時価が期末時点で120になったとします。これが売買目的の有価証券の場合であれば、図表3-12のように有価証券評価益として損益計算書の営業外収益に計上され、逆に値下がりすれば、有価証券評価損として営業外費用に計上されます。

「その他の投資有価証券」の場合でも時価評価が適用されますが、時価の変動分は貸借対照表の純資産の中で評価換算差額として調整され、損益計算書の収益とはなりません。これは長期保有の中での一時的な時価の変動であり、今後また変動するかもしれず、一時的に調整しておこうとするものです。

図表3-12　有価証券の時価が上がった場合

	期中の金額	期末貸借対照表：資産	期末貸借対照表：純資産	損益計算書：収益
有価証券の場合	100 →	資産（流動資産） 120		有価証券評価益 20
その他の有価証券の場合	100 →	資産（固定資産） 120	純資産（評価換算差額等） 20	なし

(注) 連結決算書の場合、時価の増加分は包括利益計算書の中に「その他の包括利益」という勘定科目で計上されるとともに、その累計額が貸借対照表の純資産に「その他の包括利益累計額」として計上されます。

高い金額で企業買収を行うと「のれん」が生ずる

1.「のれん」は買収する会社の超過収益力、信用力を示す

　無形固定資産の中に「**のれん**」という勘定科目があります。多くの人は、一見して「なんのことか?」と考えてしまうようです。

　これは、会社が他の会社を吸収合併や買収した場合に生ずる勘定科目です。

　例えば図表 3-13 のように、会社（合併会社）が純資産 60 の他の会社（被合併会社）を買収するとしましょう。

　この時、買収価格が 60 であれば問題ありませんが、この会社は普通の純資産 60 の会社よりも収益力がある（超過収益力という）場合には、買収金額は例えば 80 ともっと高くなることがあります。

図表 3-13　のれんの計算と表示の方法

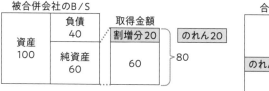

　買収価格が 80 の場合には、純資産 60 の会社を 20 の割増をつけて購入したことになります。この割増金額のことを「**のれん**」といい、無形固定資産として貸借対照表に表示することになります。

　逆に、純資産の金額よりも安い金額で会社の買収を行った場合、のれんはマイナス（**負ののれん**という）になり、これはその期の収益として損益計算書に表示します。

　企業の合併や買収は、以前に比べて近年盛んに行われるようになり、大型の企業買収も多くなっています。このような会社の貸借対照表には、「のれん」として大きな金額が表示されていることもあります。

　なお、「のれん」は連結決算上、親会社の投資勘定と子会社の純資産を相殺処理する場合にも発生します（「法則7」を参照）。

(注)「のれん」の語源ですが、居酒屋やお寿司屋さんなどの入り口にある、あの「のれん」です。暖簾は商店や会社のブランド力や信用力を表し、それが、会計用語としても使われるようになっていきました。

2.「のれん」の償却は日本基準と国際会計基準では異なる

　「のれん」は貸借対照表に計上されますが、それ以後、日本の会計基準では、吸収や買収された会社が収益に貢献すると期待される期間（具体的には、20年以内でその効果の及ぶ期間）に、定額法等の合理的な方法により償却することになります。

　ただし、国際会計基準では「のれん」の償却は行わず、合併や買収の収益効果が継続している間は当初の金額のまま計上されます。

　しかし、「のれん」の価値が低下していないか毎期テストを行って判定し、価値が著しく下落すると、損益計算書に減損損失として計上することになります。

「法則5」の説明のように、日本の会計基準と国際会計基準の異なる点です。

負債も流動負債と固定負債に分けられる

　負債も資産と同じく、正常な営業循環過程で生ずる勘定科目は流動負債に含まれますが、それ以外は決算日の翌日から1年以内に支払期限が来るか否かという、ワン・イヤー・ルールによって**流動負債**、**固定負債**に区分されます。

1．流動負債は1年以内に支払期日が来る負債

　流動負債には、商品や材料などを購入してまだ支払いを行っていない場合の買掛金や支払手形など（仕入債務という）、固定資産の購入や広告費などの経費に関する未払い額である未払金や未払費用があります。

　従業員の給与から天引きした源泉所得税分は、税務署に支払うまでの間は「預り金」として流動負債に計上されます。

　銀行や取引先からお金を借り入れてその返済期限が1年以内に来るものは短期借入金として流動負債に入ります。

　なお、借入契約期間が例えば5年間などの長期であっても、そのうち決算日から1年以内に返済期限が来たものは「1年以内期限到来長期借入金」として流動負債に計上します。

2．固定負債は1年を超えて返済期日が来る負債

　固定負債としては、返済期日が1年より後になる長期の借入金や社債、あるいは長期のリース債務などがよく見受けられる勘定科目です。

　それ以外に、将来に支払う退職金の備えとして「退職給付引当金」や、取引や契約を行う上で担保として預かる「預り保証金」も固定負債としてよく表示される項目です。

図表3-14　負債の区分と主要な勘定科目

区分		勘定科目	その内容
負債	流動負債	・支払手形、買掛金	・商品、材料の購入などから生じた手形債務や未払いの金額
		・短期借入金	・金銭の借入による負債で1年以内に支払義務がある
		・1年以内期限到来長期借入金	・長期借入金の内、1年以内に返済期日が来るもの
		・前受金、預り金	・手付金や内金などによって受け取った金額、従業員からの源泉所得税や保険料などの預かり分
		・未払費用、未払金	・給与や販売費などの未払い分、固定資産の購入代金等の未払い分など
		・未払税金	・法人税などの未払い分
		・賞与引当金	・従業員に対して支払う賞与の引当分
	固定負債	・社債、転換社債	・社債を発行して資金調達した金額、転換社債は株式に転換できる
		・長期借入金	・金銭の借入による負債で返済期日が1年以上先のもの
		・退職給付引当金(注)	・従業員に対する将来支払われる退職金のうち現在までに発生している金額を見積もったもの
		・預り保証金	・取引や契約を行う場合、担保として預かるお金、解約時には返還される

(注)「退職給付引当金」は個別決算書で使用する勘定科目であり、連結決算書では「退職給付に係る負債」という勘定科目が使用されます。

なお、「退職給付引当金」以外に、貸倒引当金、製品保証引当金、修繕引当金などの「引当金」という勘定科目をよく目にすることと思います。

引当金は法的な債務ではありませんが、会計上で負債としての扱いとされるものです。

会計では、将来発生する損失や支出を投資家などに報告する目的で、その損失・支出の発生の可能性が高いこと、その原因が当期にあること、金額の見積もりが合理的にできること、等の要件を備えていれば「引当金」として負債に計上することができるのです。

経営資金のひっ迫度は
流動比率を見る

1. 会社の1年以内に入るお金と出るお金を比べて みる

　流動資産は1年以内に現金化される資産（「法則32」）と、また流動負債は1年以内に支払期日が来る負債（「法則35」）と説明しました。もう少し砕いた表現をすれば、流動資産は"1年以内に入るお金"、流動負債は"1年以内に出るお金"ということができ、この2つを比べてみると、会社の経営資金のひっ迫度が見えてきます。

　次の図表3-15は、自己資本比率がともに20％と低い水準のH社とI社の貸借対照表で、資産に対する負債は80％であり、自己資本比率で見ると両社とも健全性はあまり高くない会社です。

　この2社を比較して、どちらがより危険な会社か判断してみましょう。

図表3-15　H社とI社、どちらのほうが危険な状態か

H社の貸借対照表

資産 100	流動資産 60	負債 80	流動負債 30
			固定負債 50
	固定資産 40	純資産 20	

I社の貸借対照表

資産 100	流動資産 20	負債 80	流動負債 40
	固定資産 80		固定負債 40
		純資産 20	

　図表3-15では、両社の資産を流動資産と固定資産に分けて、さらに負債を同じく1年以内に支払期日が来るか否かで流動負債と固定負債に分けています。

　これを見ると、H社は流動資産が60に対して流動負債は30で

す。H社は1年以内に入るお金60に対して出るお金は30ですので、資金の動きを見ると余裕があることがわかります。

これに対してI社を見ると、流動資産が20に対して流動負債は40です。I社は1年以内に入るお金20に対して出るお金は40であり、資金の動きを見るとかなり厳しい状態となっていることがわかります。

2．流動比率を算出して比較してみよう

今度は両社の**流動比率**を算出して比較してみましょう。

流動負債に対する流動資産の割合を**流動比率**といい、1年以内に支払いが必要な金額に対して1年以内に現金化する資産がどの程度あるかという経営指標であり、当面の経営資金の余裕度やひっ迫度を意味する指標です。

流動比率＝（流動資産／流動負債）×100

両社の流動比率を見るとH社は200％、I社は50％です。

H社は1年以内の支払金額に対してその倍（200％）のお金が入るため、この貸借対照表を見る限り資金的には余裕がありそうですが、I社は、1年以内の支払金額に対して半分（50％）のお金しか入らず、このままいくと1年以内の支払いができなくなる可能性があります。

両社の資金繰りの状態を判断するには、貸借対照表だけでなく損益計算書の内容も見ることが必要ですが、もしI社の損益計算書を見て業績が芳しくないとすると、経営資金はひっ迫し大変危険な状態ということができます。

このように、流動比率は、自己資本比率や利益剰余金比率と並んで、会社の健全性を判断するための重要な指標ということができます。

純資産は大部分が株主から
調達した資金で構成される

1．株主資本は株主から預かった資金の意味

　純資産は、図表3-16のように、株主資本、評価換算差額等がありますが、まれに株式引受権や新株予約権という勘定科目があることもあります。

　株主資本は、次の図表3-16のように資本金や資本剰余金、利益剰余金、自己株式の4つに区分され、資本金や資本剰余金は、会社が株式を発行し、株主が会社に払い込んだ金額（払込資本という）をいいます。いわば、会社が株主から預かったお金のことでこれは会社を清算するまで返済しなくてもよいお金です。

図表3-16　純資産の区分とその内容

純資産	株主資本	・資本金		・株主からの出資金額のうち資本金としたもの
		・資本剰余金 (注)	資本準備金	・株主からの出資金額のうち資本金に組み入れなかった部分
			その他の資本剰余金	・合併や減資、自己株式の処分などで生じ、株主の払込みの性質を有するもの
		・利益剰余金	利益準備金	・獲得した利益の社内留保部分で会社法によって積み立てが強制されるもの
			その他の利益剰余金	・獲得した利益の社内留保部分で利益準備金以外のもの
		・自己株式		・発行した自社の株式を買い戻したもの、資本のマイナス表示となる
	評価換算差額等			・その他 (投資) 有価証券の評価差額、土地評価差額等の時価、為替変動による差額分など
	株式引受権			・会社が取締役などの報酬として、金銭ではなく自社の株式を無償で交付することがあり、その権利を引き受けた場合
	新株予約権			・ストックオプションなどにより新株の予約権を発行した場合でまだ株式の発行がされていない場合

(注) 資本剰余金は「資本準備金」と「その他の資本剰余金」に分かれます。
　「資本準備金」は、株式を発行して調達した資金のうち「資本金」としなかった金額をいいます。会社法では、株式の発行で調達した資金のうち1/2以上は資本金にしなくてはなりませんが、それ以外が資本準備金になります。「その他の資本剰余金」は合併や減資、自己株式の処分などによって生じ、株主からの払込みに相当する性質がある項目です。

　利益剰余金は、会社が獲得した利益を社内に留保したもので、内部留保といわれます。会社は、通常、獲得した当期純利益から株主への配当金を支払います。配当金を支払った後に残った利益の蓄積分が利益剰余金となります。

　会社は法律的には株主のものであり、会社が獲得した利益は株主のものです。通常、その一部は配当金として支払われますが、配当金として支払われず会社内に残った利益剰余金も株主から預かった金額ということになります。

　また、会社が自社の株式を購入した場合、自己株式として利益剰余金のマイナス分として表示されます（「法則100」を参照）。

２．評価換算差額等、株式引受権、新株予約権

　評価換算差額等は、簡単にいうと、投資有価証券や先物取引などの時価が増減した時に、原価（購入した金額）と時価の差額を調整した金額、ということができます。

　ここで対象となる資産は、子会社や関連会社の株式以外の長期保有目的の有価証券、為替予約や先物取引などの取引、土地再評価法という法律にもとづいて時価を増減した土地などであり、時価が原価よりも高くなれば評価換算差額はプラスの金額に、逆に時価が下がればマイナスの金額になります（「法則33」参照）。

　純資産には、株主資本、評価換算差額等の他に**株式引受権や新株予約権があります**。

　株式引受権は、会社が取締役などに報酬として、金銭ではなく自社の株式を無償で交付することがあり、その株式引受の権利が生じた場合に計上されます。

　新株予約権とは、新株予約の権利を購入したり、それを受け取った人が会社に対して株式の交付を請求できる権利です。

　株式引受権や新株予約権ともに権利が行使され、株式が交付されると資本金などに振替えられます。

2つの自己資本比率の計算法がある

「法則29」では、資産に対する純資産の割合（純資産／資産）を「自己資本比率」として説明しました。しかし、自己資本比率については、日本取引所グループ（以下、証券取引所）では別の計算式によって算出しており、用語に関する混乱が生ずる可能性があります。

1．純資産の名称に関する変更が行われてきた

かつて貸借対照表の「資本」「自己資本」「純財産」は会社の正味財産を示すということで、同じ意味で使われていました。

しかし2006年の会社法改正では、この正味財産を「純資産」とし、次の図表3-17に示すように、資本金から自己株式までを「株主資本」というようになり、また、純資産から株式引受権や新株予約権を除いて、株主資本＋評価換算差額等を「自己資本」と定義するようになりました。

図表3-17　純資産の区分とその名称

（個別の場合）

純資産の内容	金額	区分の名称		
・資本金	200	株主資本 550	自己資本 650	純資産 670
・資本剰余金	100			
・利益剰余金	300			
・自己株式	-50			
評価換算差額等	100			
株式引受権	10			
新株予約権	10			
純資産計	670			

（連結の場合）

純資産の内容	金額	区分の名称		
・資本金	200	株主資本 550	自己資本 650	純資産 700
・資本剰余金	100			
・利益剰余金	300			
・自己株式	-50			
その他の包括利益累計額	100			
株式引受権	10			
新株予約権	10			
非支配株主持分	30			
純資産計	700			

（注）非支配株主持分は連結固有の科目です

　連結の場合でいうと、「自己資本」とは現在の親会社の持ち分という意味で、株式引受権や新株予約権や非支配株主持分は現在の親会社の持ち分ではなく自己資本から外すという考え方です。

２．２つの自己資本比率の計算式

　一般に、自己資本比率は健全性を示す代表的な比率であり、経営資金を、返済や支払利息負担のある負債に頼らず、純資産でどれだけ調達しているか、を示す指標です。

　したがって、一般的には、自己資本比率を次のような計算式で算出しており、図表3-17に当てはめると、自己資本比率は、資産を1,000とすると個別の場合は67％、連結の場合には70％となります（ここではこの計算方法を一般方式という）。

一般方式：自己資本比率＝（純資産670／資産1,000）×100＝67％

　これに対して証券取引所グループでは、前述のように自己資本を定義し、自己資本比率を次の計算式で算出しており、図表3-17の個別の場合では（資産の金額を1,000とすると）自己資本比率は65％となります。連結の場合でも650／1,000となり、65％となります。

証券取引所方式：自己資本比率＝（自己資本650／資産1,000）×100＝65％

　ほとんどの会社では、株式引受権や新株予約権、非支配株主持分の金額は、図表3-17の事例のように微小である場合が多く、一般方式、証券取引所方式でも大きな差はなく、どちらの方式で計算しても大きな問題にはならないケースが多いと思われます。

　しかし、株式引受権や新株予約権の金額が大きな場合、連結の場合では非支配株主持分が大きな金額となっている会社もあり、このようなケースではどちらの方式で計算するかによって、自己資本比率は大きく変わることになります。

　したがって、自己資本比率の計算を行う場合、その計算式を表示しておくことが適当と思われます。

第 **4** 章

決算書から優良企業と 問題企業を見分けるには

この章で学ぶこと

第2章では、損益計算書の見方や収益力を示す経営指標について学びました。また第3章では、貸借対照表の見方や健全性を示す経営指標について学びました。

この章では、第2章・第3章の基礎知識をもとに、実際に優良企業や超の付く優良企業、あるいは不振企業といわれる企業の決算書を見て、どこに違いがあるのか考えていただき、優良企業や不振企業の見分け方に関する実践力を向上していただきます。

会社の決算書を見て、それが優良企業なのか、普通の会社なのか、危ない会社なのか見分けられるようになるためには、ある程度の「慣れ」が必要で、「慣れる」ためには、実際の会社の損益計算書や貸借対照表をいくつか見ていかなければなりません。

とりわけ超優良企業といわれる会社の数字と不振企業（実際に倒産したなど）といわれる会社の数字を見比べておくことが、会社の数値を見分けるようになるための早道です。

また、人には顔や体の特徴を示す人相がありますが、会社（法人として）の人相は決算書に表れます。決算書の事例を見て「カネ持ち企業」と「借金だらけの危ない企業」の人相の違いを感じていただければ、ひととおりの理解ができたことになります。

なお、ここで優良企業や不振企業として紹介する数値の事例は、実際の会社の数値の特徴を生かし、わかりやすく編集したものです。

優劣の判断は、まず平均水準の数値と比較する

1. 上場企業の平均的な損益計算書を見てみよう

　健全な会社か否か判断する場合、まず中間レベルの会社の数値を見ておくことがスタートです。

　図表4-1は、公表されている上場企業の各種のデータをもとに、平均的な会社（A社）を推計して作成したものです。

　A社の損益計算書を見ると、売上高に対する営業利益、当期純利益の比率はそれぞれ5％、3％です。この2つは会社の収益率を表す最も基本的な指標であり、上場企業の平均的な会社であるA社の数値をしっかり記憶しておくことが必要です。

　なお、売上高原価率、粗利益率（売上高総利益率）、販売費及び一般管理費率もすべて、売上高の100に対する率であり、実際に活用することも多く、計算できるようにしておいてください。

2. 上場企業の平均的な貸借対照表を見てみよう

　A社の貸借対照表は、資産規模を1,000として上場企業の貸借対照表の平均的な構成比をもとに作成したものです。健全性を示す3つの経営指標をチェックしてみましょう。

・**自己資本比率（純資産／資産計）**

　自己資本比率は、経営活動に必要な資産を保有するために負債に依存しない比率です。A社は、1,000の資産を取得するため60％は負債に依存していますが、40％は株主から調達した資金で賄っており、自己資本比率は40％です。

　なお、上場企業でも、製造業以外（サービス、小売、卸売業）の企業では、自己資本比率は約30％が平均的な数値となります。

図表4-1　上場企業の平均的な貸借対照表と損益計算書

A社の貸借対照表
（△年△日現在）

（資産の部）	金額	%	（負債の部）	金額	%
流動資産計	440	44	流動負債計	300	30
現金預金	60		仕入債務	110	
受取手形・売掛金	150		短期借入金	120	
有価証券	50		未払金、未払費用	30	
棚卸資産	100		その他の流動負債	40	
その他の流動資産	80		固定負債	300	30
固定資産計	560	56	社債	90	
：有形固定資産	320		長期借入金	130	
建物・構築物	80		その他固定負債	80	
機械及び装置等	120		負債計	600	60
土地	80		（純資産の部）		
建設仮勘定	40		株主資本	370	
：無形固定資産	50		資本金	60	
：投資その他	190		資本剰余金	50	
投資有価証券	90		利益剰余金	260	26
関係会社株式、出資金	40		評価換算差額等	30	
その他	60		純資産計	400	40
資産計	1,000	100	負債・純資産合計	1,000	100

A社損益計算書
（○年○日～△年△日）

科　目	金　額	%
売上高	750	100
売上原価	550	
売上総利益	200	27
販売費及び一般管理費	160	
営業利益	40	5
営業外収益	5	
受取利息配当金	3	
その他	2	
営業外費用	3	
支払利息等	3	
経常利益	42	6
特別利益	10	
特別損失	13	
税引前当期利益	39	5
法人税等	15	
法人税等調整額	-2	13
当期純利益	26	3

（注）％で記入された数値は、資産を100％とした場合の構成比です。

・利益剰余金比率（利益剰余金／資産計）

　2番目のポイントとして利益剰余金の比率を見てみましょう。「法則30」で説明したように、資産に対する利益剰余金の比率は、会社の自立性を表しており重要な指標です。A社の自己資本比率は40％ですが、そのうち26％は利益剰余金であり、純資産の65％は自らの経営活動にもとづいて獲得したものです。

・流動比率（流動資産／流動負債）の大きさ

　健全性判断の3番目のポイントである流動比率を見ると、A社は、1年以内に支払期限がくる流動負債300に対して、1年以内に現金の回収ができる流動資産は440であり、1年以内に「出る金」と「入る金」の比率である流動比率は147％です。

　流動比率は100％を上回ることが基本ですから、当面の支払い能力は十分といえます。

優良企業は平均的な会社に比べて
自己資本比率、利益率が高い

1. 優良企業の損益計算書の特徴を見る

　ここでは、日本の企業の中で一般的に優良企業といわれる会社の決算書を分析し、優良企業の経営指標を見ていただきます。

　次の図表4-2は、グローバルに事業を展開する製造業であり、日本の会社の中では優良企業といわれているB社の損益計算書と貸借対照表です。

図表4-2　優良企業B社の貸借対照表と損益計算書　　　　（単位：百万円）

B社貸借対照表
（○月○日現在）

科　目	金額	構成比	科　目	金額	構成比
（資産の部）			（負債の部）		
流動資産	14,265	49%	流動負債	8,242	28%
現金預金	1,800		支払手形・買掛金	3,781	
受取手形・売掛金	6,484		短期借入金	2,032	
棚卸資産	4,491		その他	2,429	
その他	1,490		固定負債	4,530	16%
			長期借入金、社債	3,139	
固定資産	14,770	51%	退職給与引当金	546	
：有形固定資産	8,232		その他	845	
建物・構築物	2,667		負債合計	12,772	44%
機械装置、運搬具	3,688		（純資産の部）		
土地	879		株主資本	16,002	55%
建設仮勘定等	998		資本金	968	
：無形固定資産	537		資本剰余金	1,721	
：投資等	6,001		利益剰余金	13,313	46%
投資有価証券	4,373		評価・換算差額	261	
その他	1,628		純資産合計	16,263	56%
資産計	29,035	100%	負債及び資本合計	29,035	100%

B社損益計算書
（△年△日～○年○日）

科　目	金　額	構成比
売上高	28,145	100%
売上原価	21,542	
売上総利益	6,603	23%
販売費及び一般管理費	3,798	
営業利益	2,805	10%
営業外収益	450	
受取利息配当金	330	
その他	120	
営業外費用	188	
支払利息等	188	
経常利益	3,067	11%
特別利益	21	
特別損失	63	
税引前当期利益	3,025	
法人税等	1,085	
法人税等調整額	-23	1,062
当期純利益	1,963	7%

　はじめにB社の損益計算書を見ると、売上高は28,000百万円を超え、本業の利益を示す営業利益も2,800百万円超で、営業利益率は約10%となっています。

　日本の経営者の間には「営業利益率10％が日本の一流企業の条件」という合言葉があり、B社は日本の一流企業の仲間入りをした会社です。

　特徴的なのは、営業外収益の巨額な受取利息配当金330百万円です。B社は海外に業績好調な子会社や関連会社を多く持ち、そこからの配当金収入がその要因です。この営業外収益によって経常利益や当期純利益がより大きくなっています。

　単独の会社だけでなく、企業グループで利益を獲得していることが優良企業の条件ともいえるでしょう。

2.B社の貸借対照表の特徴は

　資産の内容を見ると、建物や機械などの有形固定資産が8,232百万円と多く、製造業の特徴がよく表れています。また投資有価証券が4,373百万円とたいへん大きな金額となっていますが、この中には持合い株（取引先や金融機関などとの提携や友好関係を維持するために株を持ち合うこと）が多く含まれていると思われます。

　負債を見ると、短期借入金や長期借入金、社債などの**有利子負債**（利息の付く借金のこと）が約5,000百万円あり、これが損益計算書の営業外費用にある支払利息負担の原因となっています。このような有利子負債があるため、無借金経営とはいえませんが、資産に対する負債の金額は少なく、会社にとって大きな問題とはいえません。自己資本比率は56％と「法則39」で見たA社よりもかなり高い水準です。

　また、純資産の中にはこれまでB社が獲得した利益の内部留保である利益剰余金が13,313百万円に上っており、利益剰余金比率は46％にも達しておりB社は長年にわたって利益を上げ続けてきた会社ということを示しています。

"超"優良企業は高い利益率を継続し
巨額の内部留保を蓄積している

1．超リッチな会社の損益計算書の特徴を見る

　図表4-3は、日本の企業の中でもずば抜けた収益力を誇り、多額の内部留保と現金資産を保有して、超の付く優良企業といわれているC社の決算書です。

図表4-3 超優良企業C社の貸借対照表と損益計算書　（単位：百万円）

C社貸借対照表
（〇年〇月〇日現在）

科　目	金額	構成比	科　目	金額	構成比
（資産の部）			（負債の部）		
流動資産	12,768	78%	流動負債	2,781	17%
現金預金	7,446		支払手形・買掛金	1,380	
受取手形・売掛金	698		未払法人税等	434	
有価証券	2,434		賞与引当金	32	
棚卸資産	1,418		その他	935	
繰延税金資産	260		固定負債	321	2%
その他	664		退職給与引当金	166	
固定資産	3,570	22%	その他	155	
：有形固定資産	840		負債合計	3,102	19%
建物構築物	360		（純資産の部）		
機械、工具、運搬具	54		株主資本	13,374	
土地	418		資本金	101	
建設仮勘定	8		資本剰余金	137	
：無形固定資産	140		利益剰余金	15,643	96%
：投資等	2,590		自己株式	-2,507	
投資有価証券	1,985		評価換算差額等	-138	
その他	605		純資産合計	13,236	81%
資産計	16,338	100%	負債及び資本合計	16,338	100%

C社損益計算書
（△年△月△日~〇年〇月〇日）

科　目	金　額		構成比
売上高		10,557	100%
売上原価		6,521	
売上総利益		4,036	38%
販売費及び一般管理費		2,260	
営業利益		1,776	17%
営業外収益		235	
受取利息配当金	123		
その他	112		
営業外費用		18	
有価証券評価損等	18		
経常利益		1,993	19%
特別利益		32	
特別損失		15	
固定資産処分損	10		
その他	5		
税引前当期利益		2,010	
法人税等	570		
法人税等調整額	32	602	
当期純利益		1,408	13%

　売上高を見ると、10,000百万円を超えますが、なんといってもその収益力の水準が高いことが特徴であり、売上高に対する粗利益率（売上高総利益率）、営業利益率、純利益率の収益性指標は、それぞれ38％、17％、13％となっています。

　営業利益率は「日本の一流企業の条件」である10％をはるか

に上回っています。

　一般的な製造業の場合、粗利益率は20〜30％が平均的な数値ですが、なんとＣ社の粗利益率は38％と極めて高く、製品の開発力と営業力が優れていることを示しています。

２．超リッチな会社の貸借対照表の特徴を見る

　資産の内容をざっと見て金額の大きな科目を拾い出すと、現金預金、有価証券、投資有価証券であり、この３つを合計すると11,865百万円となり、資産の合計金額16,338百万円に対して約73％を構成します。

　有価証券と投資有価証券はいつでも現金に換金できる資産（現金性の資産という）であり、現金預金の一部が日々の運転資金として必要ですが、これらの大部分が余剰資金です。

　一方、負債はほとんどなく、一番大きな負債は支払手形・買掛金の1,380百万円で、これは購入先に対する未払いの金額です。

　また未払法人税等の434百万円ですが、支払うべき法人税等が確定するのは決算日以降のため、必ず残ってしまう負債です。

　借入金や社債といった利息の付く借金（**有利子負債**という）がないことを**無借金経営**といいますが、Ｃ社は典型的な無借金経営の会社であり、有利子負債は一切ありません。

　またＣ社は製造業に分類されますが、売上規模と比較すると機械、工具、運搬具などの工場設備の金額は少なく、工場を持たない製造業（ファブレスメーカーという）であり、開発と営業は自社で行うものの、製品の製造は外注するというビジネスモデルを確立しています。

　普通の製造業は、儲けたお金を工場設備に投資しますが、Ｃ社のビジネスモデルでは儲けたお金の使い道がなく、現金預金や有価証券として保管せざるを得ないのです。

超優良企業は、巨額の内部留保とともに巨額の現金資産を保有している

1. 自社株を持つと利益剰余金のマイナス分として表示される

「法則41」で見たC社について、もう少し分析してみましょう。

C社のもう一つの大きな特徴は、2,500百万円を超える自己株式を持つことです。自己株式は、C社が自社の株を購入し保有しているという意味で自社株、あるいは金庫株といういい方をすることもあります。

自社株を保有していると、現在の会計のルールでは、純資産の部で利益剰余金の下にマイナス表示で自己株式と表示しなければならず、たいへんわかりにくくなっています。

これは、資本金、資本剰余金が株を発行して集めた金額であるのに対して、自己株式はその株を買い戻してきたために株主資本の減少となる、という考え方によるものです。

しかし、実態は、自社の株であろうと他社の株であろうと株価という価値のある資産を保有していることは同じです。また自社株は再発行することも、その株を相手の株と交換して企業買収を行うことも可能ですので、普通の株式を資産として持っていることと何ら変わりありません。

2. C社は内部留保と同じ額の現金性の資産を持っている

上記の考え方で、C社の所有する自己株式を実態に即して一種の資産とすると、C社の現金性の資産の合計額は、次の図表4-4のように14,372百万円になります。もちろん現金預金の一部は

運転資金として活用され、その分は余裕資金から除くことが必要ですが、これだけの余裕資金を持って今後どうするのか、と考えざるを得ません。

図表4-4　超優良企業C社の内部留保と現金性資産の金額 （単位：百万円）

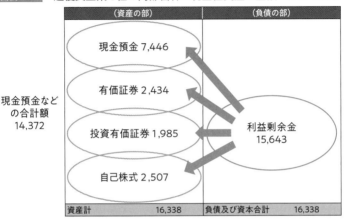

なお、図表4-4のように、C社の現金性の資産は14,372百万円であり、C社の利益剰余金15,643百万円と近い数字です。

これは、C社がこれまで獲得して内部留保した利益分がほとんど活用されることなく現金と株式などにそのまま保管されていることを意味しています。

このように、超優良企業といわれている会社の損益計算書を見ると、どんどん利益が湧き出てきて、貸借対照表には借金はなく（あっても少なく）、現金預金や株式投資などの余剰資金として積み重なっていることがわかります。

序章の「失敗事例2」では、利益剰余金は多額でも現金性の資産がほとんどない会社を紹介しました。通常、内部留保は工場や設備の投資に運用されているケースが多いのが実態ですが、C社のように現金や有価証券として蓄積されている会社もあるのです。

不振企業は利益率が低く、多額の負債を抱えている

1．不振企業の損益計算書と貸借対照表の特徴を見る

　これまで優良企業の決算書を見てきましたが、今度は経営危機に瀕している企業の決算書の特徴を考えてみましょう。

　図表4-5は、D社の倒産直前の決算書です。D社は幅広く事業を展開していましたが、この決算書の発表後に会社更生法の適用を受け事実上の倒産に至りました。

図表4-5　倒産直前のD社の決算書

（単位：百万円）

貸借対照表
（〇年〇月〇日現在）

科　目	金額	科　目	金額
（資産の部）		（負債の部）	
流動資産	4,870	流動負債	6,499
現金預金	1,637	支払手形、買掛金	1,900
受取手形・売掛金	1,709	短期借入金、社債	2,838
棚卸資産	818	その他	1,761
短期貸付金	503	固定負債	9,040
その他	203	社債、長期借入金	6,182
固定資産	12,415	退職給付引当金	949
:有形固定資産	10,310	その他	1,909
建物・構築物	3,403	負債合計	15,539
輸送機器、機械装置等	5,236	（純資産の部）	
土地等	1,671	株主資本	2,840
:無形固定資産	795	資本金	2,510
:投資等	1,310	資本剰余金	1,558
投資有価証券	880	利益剰余金	-1,228
長期貸付金	128	評価換算差額等	-1,094
その他	302	純資産合計	1,746
資産計	17,285	負債及び資本合計	17,285

損益計算書
（△年△月△日～〇年〇月〇日）

科　目	金	額
売上高		19,512
売上原価		16,879
売上総利益		2,633
販売費及び一般管理費		3,142
営業利益		-509
営業外収益		313
受取利息配当金	103	
その他	210	
営業外費用		626
支払利息	356	
為替差損	196	
その他	74	
経常利益		-822
特別利益（資産売却益等）		446
特別損失		214
税引前当期利益		-590
法人税等	32	
当期純利益		-622

　損益計算書を見ると、19,512百万円の売上高があるものの、本業の利益を示す営業利益は500百万円強の大赤字です。

　また本業外で支払利息の負担が356百万円もありますが、これ

は社債や借入金などの有利子負債を多く抱えていることによるものです。

　さらに海外取引などから生じた為替差損により赤字の追い打ちがあり、資産売却による特別利益446百万円を計上したものの、最終利益は600百万円を超える赤字となっています。

2. 不振企業の貸借対照表の特徴を見る

　一方、貸借対照表を見ると、流動負債や固定負債の中に、短期借入金や長期借入金、社債などの有利子負債が合計で9,000百万円を超えています。大幅な赤字を計上し運転資金が枯渇するため、多額の有利子負債に依存して経営を続けてきた様子がわかります。

　資産を見ると、現金預金が1,637百万円と多いように思われますが、売上原価や販売費及び一般管理費の金額から推測してみると、ほぼ1か月分の支払いに充てる金額に過ぎず、余裕資金ではなく運転資金であることがわかります。

　また建物や機械などの有形固定資産が10,000百万円を超えていますが、この有形固定資産の購入資金の大部分が有利子負債に依存していることがわかります。結果、その返済負担に苦しみ、最後は返済不能に陥ったものと思われます。

　なお、利益剰余金は1,228百万円のマイナスとなっています。これはD社が創業以来の累積利益が赤字であることを示しており、D社はかなり以前から利益を上げる力のない会社ということができます。

　決算書は"法人"の人相といわれます、先の超優良企業が超リッチな人相としたら、D社の決算書は赤字という血を流し、お金に苦しんで死にそうな表情に見えるでしょう。

優良企業と不振企業では
経営指標に大きな違いがある

1. 収益性指標で優良企業と不振企業の違いを見る

「法則39から43」まで、平均的、優良、超優良、不振企業の特徴をみてきました。ここでは、これまで登場した会社の経営指標を比べて見て、数値でその違いを見ることにしましょう。

図表4-6　優良企業と不振企業の経営指標の比較 (%)

経営指標		平均的企業 A社	優良企業 B社	超優良企業 C社	不振企業 D社
収益性指標	売上高総利益率	26.7	23.5	38.2	13.5
	営業利益率	5.3	10.0	16.8	-2.6
	純利益率	3.5	7.0	13.3	-3.2

図表4-6は、各社の収益性指標を比べてみたものです。

粗利益率（売上高総利益率）を見ると、平均的な企業Aのほうが優良企業B社を上回っていますが、粗利益率は業種やビジネスモデルによって変わるため、ここでは優劣の比較というよりも参考指標として見てください。

どんな業種やビジネスモデルでも共通に優劣を比較できる指標として、ここでは営業利益率（売上高営業利益率）と純利益率（売上高当期純利益率）を見てみましょう。

営業利益率を比較するとその差は明らかです、平均的なA社に比べて優良企業2社の利益率はいずれも10％以上です。不振企業のD社は赤字で利益率はマイナスとなっています。

なお、A社は平均的な企業といっても上場企業の平均です。非上場の企業や中小企業では赤字の会社も多く、産業統計を見ると平均の利益率は1～2％となっています。

２．健全性指標で優良企業と不振企業の違いを見る

　ここでは、健全性を示す代表的な指標として、図表4-7に示す、自己資本比率、利益剰余金比率、流動比率の３つを見てみましょう。

図表4-7　優良企業と不振企業の経営指標の比較 (%)

経営指標		平均的企業 A社	優良企業 B社	超優良企業 C社	不振企業 D社
健全性指標	自己資本比率	40.0	56.0	81.0	10.1
	利益剰余金比率	26.0	45.9	95.7	−7.1
	流動比率	146.7	173.1	459.1	74.9

　自己資本比率を見ても各社の違いは明確です、優良企業２社は平均的なA社をはるかに上回る数値を示しています。

　不振企業D社の自己資本比率は約10％ですが、日本での過去の上場企業の倒産事例を見ると自己資本比率10％前後で倒産するケースが多く、これは危険な水準といえるでしょう。

　利益剰余金比率も差は明らかです、超優良企業のC社は資産に対して約96％が利益剰余金であり、経営資金のほぼすべてを自社が獲得した利益で賄っていることになります。

　不振企業D社は利益の蓄積がマイナスであり、剰余金比率もマイナス表示です。

　流動比率は、１年以内に"入る金"と"出る金"を比べる指標であり、100％以上であることが健全性を維持するための「絶対的」な条件といえますが、D社は74.9％です。

　これは、D社が当面（１年以内）の資金繰りに苦しんでいることを示しており、危険な状態にあるということができます。

　これに対して、優良企業の２社は豊富な資金があり資金繰りに余裕のある状態です。

粉飾すると決算書に異常な数値が 残る場合がある

1. 不振の経営成績と悪化した財政状態

　過去に倒産した小売業であるＥ社の決算書から異常な数値を探してみましょう。

　損益計算書を見ると、巨額の特別損失が計上され、最終的には37,300百万円の赤字ですが、営業利益は2,000百万円、経常利益は1,000百万円で、ギリギリ黒字は確保しているようです。

　貸借対照表を見ると、借入金や社債などの有利子負債が大きく、自己資本比率は5.7％、利益剰余金はマイナス、流動比率は60％未満と大変苦しい経営状態です。

図表4-8　**粉飾の匂いがする怪しい決算書**　　　　　　（単位：百万円）

Ｅ社貸借対照表
（〇年〇月〇日現在）

科目	金額	科目	金額
（資産の部）		（負債の部）	
流動資産	35,200	流動負債	60,970
現金預金	5,500	支払手形・買掛金	19,400
受取手形・売掛金	5,200	短期借入金	31,000
棚卸資産	6,400	1年内返済転換社債	10,570
短期貸付金	17,600	固定負債	71,030
その他	19,200	転換社債	38,000
貸倒引当金	-18,700	長期借入金	28,500
固定資産	104,800	その他	4,530
：有形固定資産	51,400	負債合計	132,000
建物　土地	44,000	（資本の部）	
その他	7,400	資本金	20,000
：無形固定資産	3,500	資本剰余金	20,000
：投資等	49,900	利益剰余金	-32,000
投資有価証券	4,500		
子会社株式	4,100		
長期貸付金	15,300		
差入保証金	26,000	純資産（資本）合計	8,000
資産計	140,000	負債及び資本合計	140,000

Ｅ社損益計算書
（△年△日～〇年〇日）

科目	金額
売上高	150,000
売上原価	123,000
売上総利益	27,000
販売費及び一般管理費	25,000
営業利益	2,000
営業外収益	2,400
営業外費用	3,400
経常利益	1,000
特別利益	700
特別損失	38,300
税引前当期利益	-36,600
法人税等	700
当期純利益	-37,300

中間配当額	500

2．利益操作が垣間見られる数値、異常な数値とは

　この決算書のどこが異常なのか、怪しいのか考えてみます。

　過去の倒産企業の事例を見ても、営業利益や経常利益で赤字を計上している会社はあまり見かけることはありません、倒産直前の決算書を見ると営業利益、経常利益でギリギリ黒字を計上し、その後、倒産している会社が多いのです。

　このように、売上規模から見てかろうじて営業利益や経常利益を計上している会社の決算書を見たら、「本当は赤字ではないか？」と疑ってみるのが決算書の見方のイロハです。

　次に貸借対照表の流動資産の項目を見ると、なんと「その他」が一番大きな金額であり、次に大きい金額は短期貸付金です。

　小売業の場合、経営に必要な資産は在庫（棚卸資産）であり、掛けで販売すれば受取手形や売掛金が発生し、これらを主要勘定といいます。それに対して「その他」や「短期貸付金」は本来の経営活動から派生的に生ずる**「雑勘定」**といい、流動資産の中で「雑勘定」が圧倒的に多いのはどう見ても不自然です。

　Ｅ社は、倒産後、子会社や協力会社などを利用して架空売上などの粉飾決算を行ったことが発覚しています。架空売上を計上すると、損益計算書上では売上高が増加して利益が増えますが、一方貸借対照表上には回収されない不良債権が残ってしまいます。

　まさに「その他」と「短期貸付金」がその象徴的な勘定科目であり、これらの実態はほとんど回収される可能性のない不良債権と思われます。

　ただし、その２つの項目の下に貸倒引当金として18,700百万円がマイナス表示されていますが、これは「流動資産の中に含まれる債権のうち回収される可能性がありません」という意味であり、「その他」と「短期貸付金」の約半分の金額は不良債権として損失処理をしたことになっています。

不良債権の防止は
決算書の異常な変化に気づくこと

1. 不良債権の発生を防止するには

　会社の得意先が倒産し、売掛金や受取手形などの売上債権が回収不能になると、会社には多額の損失が生じてしまいます。

　例えば、100の回収不能額が発生したとし、その売上の利益率が10％とすると、100の損失をカバーしようとすると、新たに1,000の売上高を上げなければなりません。

「法則45」でE社の決算書を見ましたが、あの状態になってしまってから「危険な会社」と気付いても、すでに手遅れの状態です、不良債権の発生を防止するにはもっと早めに異常に気が付かなければなりません。

図表4-9　危険な兆候が見えるF社の3年間の決算書　(単位：百万円)

貸借対照表

		35期	36期	37期
資産	I. 流動資産	1,895	1,911	1,911
	現金預金	140	145	108
	売上債権	886	670	536
	棚卸資産	610	710	820
	短期貸付金	113	186	197
	その他	146	200	250
	II. 固定資産	805	749	715
	有形固定資産	590	571	545
	投資等	215	178	170
	資産計	2,700	2,660	2,626
負債	I. 流動負債	1,254	880	841
	II. 固定負債	1,208	1,585	1,590
	負債計	2,462	2,465	2,431
純資産	I. 資本金	60	60	60
	II. 利益剰余金	178	135	135
	純資産計	238	195	195
	負債、純資産計	2,700	2,660	2,626
	自己資本比率	9%	7%	7%

損益計算書

	35期	36期	37期
I. 売上高	2,910	2,580	2,310
II. 売上原価	1,650	1,486	1,395
売上総利益	1,260	1,094	915
III.販売費及び一般管理費	940	950	870
営業利益	320	144	45
IV. 営業外収益	10	22	115
V. 営業外費用	130	150	158
経常利益	200	16	2
VII. 特別損失	42	12	0
税引前当期純利益	158	4	2
当期純利益	100	3	2

　不良債権の発生防止のためには、決算書以外の他の情報収集も必要ですが、決算書から判断する場合には、図表4-9のように年ごとに並べてその推移を見るのが基本です。

2．決算書の推移から異常な兆候を見つけるには

　F社の損益計算書を見ると、35期には100百万円の純利益を計上していますが、36期には大幅な売上の減少があり純利益は3百万円になってしまいました。

「法則45」で説明したように、赤字すれすれの利益を計上している会社は危険な兆候です。会社が赤字であると銀行などからの借入が難しくなるため、何としてでも黒字になるように利益操作を行おうとするからです。36期の大幅な売上ダウンとギリギリの利益計上、これは明らかに異常な状態です。

　また、貸借対照表を見ると、「法則45」のE社のように、「短期貸付金」と「その他」の雑勘定が徐々に膨れあがっています。これも明らかな異常の兆候です。

　F社の経営状態から見ると、他の会社にお金を貸付ける余裕はないはずですし、無理やり売上を上げ利益を増やそうとして、回収不能な債権となったのではないかと推測されます。

　さらにいうと、F社は売上が大幅に減少しており、これだけ売上が落ちれば在庫（棚卸資産）を絞るのが当たり前ですが、なぜか年々増えています。

　実は、赤字に陥りそうな会社が利益操作（粉飾決算）に手を染める場合、在庫の水増しという手法から始めるケースが多いのです（在庫の水増しについては「法則47」を参照）。

　35期と比べると36期の決算書はこのような異常項目が顕著であり、不良債権の発生に備えて、例えば販売代金の回収を現金化するなど、対策を強化しなければなりません。

在庫の異常な増加は
「水増し」の可能性がある

1. 価格競争が厳しいのに粗利益率が増加している のはなぜ？

「法則46」で、「異常な在庫の増加は利益操作の可能性がある」
と説明しましたが、そのカラクリについて、事例をシンプルにし
たG社のケースで具体的に見ていこうと思います。

図表4-10のG社は、「価格競争が厳しい」経営環境のもと赤字
すれすれの業績です。しかし粗利益率は増加しており、何とか黒
字を維持したのはこの粗利益率向上のおかげです。

図表4-10 G社の経営環境と決算書

いまG社では、業界全体が激しい価格競争にさらされ、たいへん厳しい経営
環境にありますが、なんとか黒字を維持しています。

G社損益計算書

勘定科目	前期	当期
売上高	1,500	1,550
売上原価	1,100	1,100
粗利益	400	450
(%)	27%	29%
販管費	350	400
営業利益	50	50

G社貸借対照表（一部抜粋）

勘定科目	前期	当期
現金預金	200	200
売上債権	300	310
棚卸資産	300	400

普通、価格競争が厳しいと、販売価格は値下がりして粗利益率
は低下します。G社はどんな手を打ったのだろうか、と素朴な疑
問が生じます。

一方、貸借対照表の在庫（棚卸資産）金額を見ると、300から
400へと増加しています。売上金額は微増なのに、なぜこんなに
在庫が増えているのか、とまた素朴な疑問が湧いてきます。業績
のよくないG社で、このような疑問が重なったら「在庫水増し」

を疑ってみることが必要です。

２．売上原価は棚卸の結果によって決まる

　販売された商品の原価（売上原価）が決まる経理の仕組みを見てみましょう。

　図表4-11のように、売上原価の計算は①の期首の在庫金額300から始まり、これに当期の仕入金額1,200が加算されます。これが当期にあったはずの在庫1,500です。

　G社は、期末になって棚卸を行い残っている在庫をカウントしたら300でした。つまり今期販売されてなくなった在庫は1,200となり、これが当期の正しい売上原価になります。

図表 4-11　売上原価決定の経理上の仕組み

・正確な期末在庫の金額では

売上原価	
①期首在庫　300	④＝①＋②－③ 売上原価　1,200
②仕入高　1,200	③期末在庫　300

棚卸結果によって決まる

・在庫金額を水増しすると

売上原価	
①期首在庫　300	④＝①＋②－③ **売上原価　1,100**
②仕入高　1,200	③期末在庫　400

在庫は400
あったはずだ！

　しかし、売上原価が1,200だとして売上高1,550から差し引くと、粗利益は350となり、販管費が400あるため、営業利益は－50の赤字になってしまいます。

　そこで、社長の"在庫は400あっただろ！"という鶴の一声が入ったとし、③の期末の在庫金額を400に修正すると、売上原価は1,100と修正されます。

　このように、在庫金額を実際以上に計上することを「在庫の水増し」といい、面倒くさい経理処理をすることなく簡単に利益を操作できるため、実際に大変よく行われる粉飾決算の手法です。

　経営状態が厳しい会社で、不自然な在庫増がある場合、注意しなければなりません。

会社の健康診断は
財務分析指標を比較して行われる

1. 財務指標による経営分析（財務分析）は5つの視点で行う

　ここからは、いわゆる経営分析または財務分析として用いられている経営指標についてその種類と内容について見てみましょう。

　決算書を活用して経営分析を行う場合、様々な経営指標が用いられますが、通常、次のような視点で分析が行われます。

図表4-12　一般的な経営分析の指標と視点

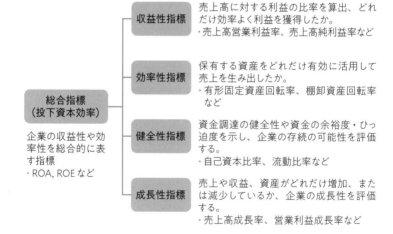

　具体的な指標については「法則49」で説明します。

2. 財務分析には会社間比較と期間比較の2つの方法がある

　財務分析の主な目的は、会社の経営状態を把握し、経営の問題

点を把握することです。その方法として、会社間の比較を行う場合と自社の期間比較を行う場合があります。

図表4-13の左側は、H社とI社を比較した会社間の比較分析であり、右側はI社の26期から28期の3年間の期間推移を比較したものです。

財務分析によって自社の問題点を把握する場合、この2つの方法をうまく組み合わせて行うことが有効です。

図表4-13　2つの財務分析の方法

・会社間の比較分析

指標			H社	I社
総合	総資本営業利益率（ROA）	%	2.0%	6.4%
	自己資本利益率（ROE）	%	3.7%	9.1%
収益性	売上原価率	%	81.6%	72.1%
	営業利益率	%	3.3%	6.2%
効率性	総資本回転率	回	1.50	1.04
	有形固定資産回転率	回	4.80	3.79
健全性	流動比率	%	140.0%	125.6%
	自己資本比率	%	37.5%	53.7%
成長性	売上高成長率	%	5.6%	3.4%
	利益成長率	%	2.4%	0.7%

・I社の期間推移の比較分析

指標			26期	27期	28期
総合	総資本営業利益率（ROA）	%	10.2%	7.5%	6.4%
	自己資本利益率（ROE）	%	15.5%	11.2%	9.1%
収益性	売上原価率	%	70.8%	71.3%	72.1%
	営業利益率	%	10.0%	8.4%	6.2%
効率性	総資本回転率	回	1.14	1.14	1.04
	有形固定資産回転率	回	4.65	4.28	3.79
健全性	流動比率	%	146.4%	131.4%	125.6%
	自己資本比率	%	47.8%	50.4%	53.7%
成長性	売上高成長率	%	18.5%	3.0%	3.4%
	利益成長率	%	39.4%	0.8%	0.7%

会社間比較を行う場合、比較相手の会社としては競合企業や自社の目標とする会社を選ぶことがよく行われます。

ただし、会社間比較を行う場合、自社と相手の会社の事業内容やビジネスモデルが異なっている場合は、単に数値が高いとか低いとかいっても優劣が判断できない場合が多くありますので注意してください。

上記の2つの比較分析を見ると、I社はH社に比べて売上原価率が低く、高い営業利益率を達成していますが、3年間の推移を見ると徐々に原価率が高まり、営業利益率が悪化しています。

また売上や利益の成長率が鈍化し、総合指標であるROAやROEも低下していることがわかります。

財務分析は、総合、収益性、効率性、健全性、成長性の指標で行う

1. 経営の総合力を示す総合指標

経営の総合力を表す指標としては総資本利益率（ROA）や自己資本利益率（ROE）があります。これらの指標を収益性指標とする分類方法もありますが、この2つは投下資本効率を示した指標であり、ここでは別途総合指標としています（「法則50、51」参照）。

2. 収益性指標

収益性指標としては、売上高に対する営業利益率や純利益率などの指標があり、売上高に対していかに効率よく利益を獲得したかを示しており、会社の収益力を判断するものです（収益性指標に関する事例は「法則22」を参照）。

3. 効率性指標

効率性指標は、資産をどれだけ効率よく活用して売上高を獲得したかという資産活用の効率を見るものです。代表的な指標としては、総資本回転率や有形固定資産回転率などがありますが、その資産を活用して何倍の売上高を獲得したかを示しています。

4. 健全性指標

健全性指標は、会社の資金調達の健全性や資金の余裕度を示し、会社の存続の可能性、逆にいうと倒産リスクを評価する指標であり、売上債権などの与信管理を行う場合に最も重要な指標となります（健全性に関しては「法則29」を参照）。

図表 4-14　主な財務分析指標

分析視点	指標の名称	計算式	単位	
総合指標	総資本利益率（ROA）	当期純利益／資産※	%	どれだけの金額の資産（投下資本）を活用していくらの利益を獲得したか
	自己資本利益率（ROE）	当期純利益／純資産（または自己資本）	%	株主から預かった資本を活用して株主に分配できる利益をいくら獲得したか
収益性指標	売上高総利益率（粗利益率）	売上総利益／売上高	%	売上高に対してどれだけの粗利益を獲得したか
	売上高営業利益率	営業利益／売上高	%	売上高に対して本業でどれだけ効率よく利益を獲得したか
	売上高経常利益率	経常利益／売上高	%	売上高に対して当期の経営努力でどれだけの利益を獲得したか
	売上高利益率	当期純利益／売上高	%	売上高に対して最終的にどれだけの純利益を獲得したか
	売上高販売費及び一般管理費率	販売費及び一般管理費／売上高	%	売上高に対する本業での費用の発生比率を示す
効率性指標	総資本回転率	売上高／資産	回	資産を活用して、その何倍の売上を獲得したか。資産全体の効率を示す
	有形固定資産回転率	売上高／有形固定資産	回	有形固定資産を活用して、その何倍の売上を獲得したか
	流動資産回転率	売上高／流動資産	回	流動資産を活用して、その何倍の売上を獲得したか。流動資産の効率を示す
	売上債権滞留日数	売上債権／1日当たり売上高	日数	1日当たり売上高に対して何日分の売上債権を持っているか。売上債権の回収日数を示す
	棚卸資産滞留日数	棚卸資産／1日当たり売上原価	日数	1日当たり売上原価に対して何日分の在庫を持っているか。在庫の滞留日数を示す
健全性指標	自己資本比率	純資産／資産	%	資産に対する純資産の比率、借金に依存しないで資金調達した比率を示す
	利益剰余金比率	利益剰余金／資産	%	資産に対する利益剰余金の比率、内部留保の大きさを示す
	流動比率	流動資産／流動負債	%	1年以内の支払額に対して回収額がどれだけあるか。1年以内の支払余力を示す
	固定比率	固定資産／純資産	%	借金に頼らず自己資金でどれだけ固定資産を購入しているか、その比率を示す
	長期適合比率	固定資産／（純資産＋固定負債）	%	短期の借入金に頼らずどれだけ固定資産を購入しているか、その比率を示す
成長性指標	売上高成長率	（当期売上高-前期売上高）／前期売上高	%	前期の売上高に対して今期はどれだけ成長しているか
	営業利益成長率	（当期営業利益-前期営業利益）／前期営業利益	%	前期の営業利益に対して今期はどれだけ成長しているか
	利益成長率	（当期純利益-前期純利益）／前期純利益	%	前期の当期純利益に対して今期はどれだけ成長しているか

※分子の利益として営業利益を使用する場合もある

5.　成長性指標

　成長性指標は、会社が対前年比でどれだけ成長しているかを示す指標であり、一般に売上高や営業利益、純利益に関する指標が多く使用されます。

ROA（総資本利益率）は経営効率を総合的に評価する経営指標

1. ROA（総資本利益率、または総資産利益率ともいう）の意味と計算式

　総資本（または総資産）利益率はROAといわれ、リターン・オン・アセッツ（Return On Assets）の略称で、文字どおり次のように資産の上に利益を乗せて計算されます。

図表4-15　ROAの計算式

　「法則27」で示したように、資産は債権者や株主から調達した資金を運用したものであり、会社に投下された資本ともいわれます。ROAはこの投下資本を運用していくらの利益を生み出したかという投下資本効率を示す指標であり、次のような計算式に分解することができます。

　この分解式を見ると　ROAを向上するには資産を有効に使って売上高を上げるか（資産効率の向上）、売上高に対する利益率を高める（収益力の向上）必要があり、これが「ＲＯＡは経営の総合指標である」といわれるゆえんなのです。

図表4-16　ROA向上のためには

$$\text{ROA} = \frac{\text{利益}}{\text{資産}} = \underset{\text{資産効率を示す}}{\frac{\text{売上高}}{\text{資産}}} \times \underset{\text{収益力を示す}}{\frac{\text{利益}}{\text{売上高}}}$$

２．お金をかけずに儲ける会社が良い会社！

　次のJ社とK社を比較し、ROAについてもう少し理解を深めてみましょう。

　J・K両社とも今期の利益は10です。しかし、J社は100の資産を活用して10の利益を生み出しましたが、K社は200の資産を活用して10の利益を生み出しています。

図表 4-17　J社とK社どちらが良い会社か

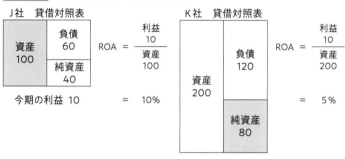

　資産を活用するということはそれだけのお金をかけているこということで、両社を比較すれば、J社のほうがお金をかけずに同じ利益を生み出していることになります。

　ROAは世界で共通に使用される経営指標であり、良い会社の条件は、世界共通に「お金をかけずに儲ける会社」ということができます。

　なお、ROAの計算上、分母の利益に関しては、どのような利益を重要視するかという個々の会社の経営方針によって異なります。営業利益を重要視する会社は、分母には営業利益を用い、ROAは**総資本営業利益率**ということになり、当期純利益を分母に用いた場合は総資本純利益率となります。

ROE（自己資本利益率）は
株主への短期的な貢献度を表す

1. ROE は自己資本利益率

会社を評価する総合指標として、ROAと並んで用いられる指標がROEです。ROEはリターン・オン・エクイティ（Return On Equity）の略称で、日本語では自己資本利益率といい、図表4-18のように、当期純利益を自己資本で割って算出されます。

図表 4-18　ROE の計算式

（注）個別決算書では、自己資本＝純資産－株式引受権－新株引受権
　　　連結決算書では、自己資本＝純資産－株式引受権－新株引受権－非支配株主持分

分母の自己資本は、純資産から株式引受権や新株予約権（連結の場合、さらに非支配株主持分）を差し引いた金額で、これは現在の株主から預かった資金（持分）を意味します。

したがって、ROEの意味は、当期に株主から預かった資本に対して株主に還元できる利益をいくら獲得したかという、短期的な視点での株主への貢献度を示す指標であり、投資家にとって重要な経営指標となっています。

2. 日本でROEが重要視される経営の背景

かつての日本の上場企業は、会社の発行した株式の過半数を仲間の企業グループが保有（持合い株という）している会社が多く、

そこでは一般の株主はあまり重要視されず、また一般株主からの株式投資へのリターン要求も強くありませんでした。

しかし、現在では、発行株数のうち持合い株はせいぜい10％くらいといわれる会社が多く、発行株式の過半数を一般株主が保有し、しかも株式投資のリターンを強く要求する外国人株主の保有割合が、日本企業の発行株数の約40％といわれています。

このような経営の背景から、近年は株主重視の経営を掲げる会社が増加し、その動向とともに、株主に対する貢献度を表すROEも重要視されるようになってきました。

3. ROEを重視すると健全性が危うくなる恐れがある

しかし、ROEが良くても会社の健全性が危うい場合もあります。次の図表4-19を見ると、L社・M社ともに当期純利益は10ですが、L社は自己資本比率80％でたいへん健全な会社です。M社は自己資本比率20％で負債が多く健全性という意味では問題がある会社です。

図表4-19　L社とM社どちらが良い会社か

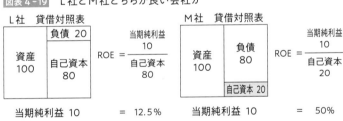

しかし、両社のROEを計算してみると、L社は12.5％であるのに対してM社は50％であり、ROEだけで見るとM社のほうがはるかに良い会社となってしまいます。

株主の立場では、獲得した利益は株主のものであり、株主の資金を使わずに利益を上げてくれる会社が良い会社となるのです。

異常な売上債権と在庫は
滞留日数の変化で見る

1. 売上債権の回収日数は？　在庫は何日分持っているか？

　効率性指標の中で、実務上たいへんよく使用される指標として、売上債権回転率や棚卸資産回転率があります。売掛金や受取手形の回収状況や在庫管理上の問題点を発見するための基本的な指標となっています。

　この指標は、売上債権滞留日数や在庫滞留日数等のように日数換算して使用するとよりわかりやすくなり、回転率と滞留日数の関係を理解しておくことが実務上便利です。

図表4-20　売上債権と棚卸資産の回転率と滞留日数

売上債権の場合

	※売上高	売上債権	回転率	滞留日数
L社	1,200	100	12回	30.4日
M社	1,200	300	4回	91.3日

・回転率の計算式：
　売上高／売上債権
・滞留日数の計算式：
　売上債権／
　　（売上高／365）

棚卸資産の場合

	※売上原価	在庫金額	回転率	滞留日数
L社	1,000	200	5回	73.0日
M社	1,000	300	3.3回	109.5日

・回転率の計算式：
　売上原価／在庫金額
・滞留日数の計算式：
　在庫金額／
　　（売上原価／365）

※売上債権の場合には売価（売上高）、棚卸資産の場合には原価（売上原価）により計算する

　回転率の場合、売上債権や在庫の何倍の売上高や売上原価があったかで計算しますが、滞留日数の場合には、1日当たりの売上高や売上原価に対して何日分の売上債権や在庫を持っているかという計算になります。

　L社とM社を比べると、売上債権、棚卸資産ともにL社のほう

が滞留日数は少なく、売上債権は早めに回収し、在庫も少なく、効率的な経営が行われていることがわかります。

なお、回転率、滞留日数の計算ともに、売上債権は販売した金額であるため売価を、棚卸資産は販売前の状態のため原価で計算することに注意してください。

2．異常な売上債権や在庫の増加を滞留日数で見ると

このような売上債権や在庫の滞留日数を期間で比較してみると、異常な増減や効率性の推移がより明確になります。

図表4-21　N社の売上債権滞留日数の変動

	1期	2期	3期	4期
売上高	1,100	1,200	1,300	1,200
売上債権	180	200	250	300
売上債権滞留日数（日）	60	61	70	91

図表4-21は、N社の売上債権滞留日数の期間推移を示したものです。1期、2期は滞留日数の大きな変化は少なく60日前後で回収しています。しかし3期、4期には滞留日数は70日と91日と大きく増加しています。

このように売上債権の滞留日数が増加することは、回収に時間がかかって経営資金が不足するばかりでなく、会社の信用問題にもなってくる場合があります。

売上債権が通常と異なって大きく増加する理由は、押し込み販売が行われたか、回収が難しい不良債権が発生したか、あるいは架空の売上が計上されたか、この3つのうちのどれかが発生した可能性があるからです。

押し込み販売は、これまでの回収条件では商品の販売ができないため、回収期間を延ばして販売することで、会社の商品力や販売力が弱くなっている証でもあります（「失敗事例4」を参照）。

棚卸資産についても、このように滞留日数で期間比較を行うと異常点や問題点を発見しやすくなります。

第 **5** 章

キャッシュフロー計算書で
お金の流れをつかむ

この章で学ぶこと

会社を経営すると、利益が出てもお金がなく、資金ショートや倒産してしまうこともあります。会社の経営にとってお金（資金）の動きを健全にすることが何よりも重要です。

この章では、まず、利益と資金（キャッシュともいう）の違いについて理解し、次に資金の流れ（収支）をつかむための計算方法を理解します。

以上がキャッシュフローに関する基礎知識ですが、キャッシュフロー計算書は損益計算書や貸借対照表と異なって、経営者の意図が色濃く反映される決算書です。

堅実経営で有名な会社やリスクを恐れず積極的な経営を行う会社のキャッシュフロー計算書を見て、経営者の経営哲学や意思決定の仕方を考えてみたいと思います。

ここで紹介する数値の事例は、実際の会社の数値の特徴を生かし、わかりやすく編集したものです。

すべて現金取引で行われると
利益とキャッシュは一致する

1．通常、利益とキャッシュは一致することがない

　通常、売上や利益が増加すると会社の資金（現金預金＝キャッシュという）も増加し、逆に売上や利益が減少すると資金が減少すると思われています。

　しかし、現実には、売上や利益が出ていても資金が不足するケースや、黒字倒産といわれるように利益は黒字でも資金がなくなって経営破たんするケースが多々あります。

　まず、取引がすべて現金で行われている図表5-1のA商店のケースから、利益とキャッシュの動きを見てください。

図表5-1　A商店の1か月の取引とその仕訳

・取引の内容

①商品40を現金の支払いによって 　仕入れた ②その商品を60で販売し、60を 　現金で受取った ③販売費10を現金で支払った

・取引の仕訳の仕方

	借　方		貸　方	
①	仕入（原価）	40	現金	40
②	現金	60	売上	60
③	販売費	10	現金	10

　A商店の1か月の取引は図表の左側の3つですが、これに経理上の仕訳処理を行うと図表の右側のようになります。ここで現金が左側に記入されている場合は現金が増えたこと、右側に記入されている場合は現金が減ったことを意味しています。

2．現金取引の場合、損益計算の利益はキャッシュの増加となる

　以上の3つの取引でいくらの利益が出たか、損益計算を行ってみましょう。

　図表5-2の左側は、この3つの取引にもとづいて作成した損益計算書です。これによれば40で買った商品を60で売り（粗利益は20です）、販売のための費用を10かけたので10の利益が出ました。

図表5-2　A商店の損益計算書と現金の収支

・A商店の損益計算書

仕入（原価）	40	売上	60
販売費	10		
利益	10		

・A商店の現金の収支

収入	売上	60
支出	仕入（原価）	40
	販売費	10
現金の増加		10

・現金（資金）の収支計算では

　今度は現金（資金）の収支を計算してみましょう。

　図表5-1の仕訳では、②の取引で商品を販売したことによって60の収入を得ました。

　一方、①の商品の仕入れと③の販売費の支払いによって現金がそれぞれ40、10支払われました。

　この結果、図表5-2に示すように、この取引によって60の収入と合計50の支出があったため、現収支は10のプラスになりました。

　損益計算では10の利益が出て、この収支計算では10の現金の増加となり、損益計算でも資金の収支計算でも同じ結果になりました。利益が出たらその分現金の増加となったのです。

　ただし、このケースをよく考えてみると、3つの取引とも現金の支払いや受け取りを伴って行われている**現金取引**です。A店のケースのように、取引がすべて現金取引で行われている場合には、損益計算と収支計算の結果は同じであり、「利益＝資金増」となります。

売掛金（信用取引）を増やすと
お金がなくなる

1．販売が信用取引によって行われたケースでは

　今度はB商店のケースで考えてみましょう。B商店の1か月の取引は次のとおりです。

　B商店では商品を60で売りましたが、現金は40しか受取らずに、残り20は売掛金としています。

　この取引を仕訳処理したものが、図表5-3の右側です。この取引によっていくらの利益が出たか計算してみましょう。

図表 5-3　B商店の1か月間の取引とその仕訳

B商店の取引

①商品40を現金の支払いによって仕入れた
②その商品を60で販売し、40を現金で受取り、残りは売掛金とした
③販売費10を現金で支払った

・取引の仕訳の仕方

	借　方		貸　方	
①	仕入（原価）	40	現金	40
②	現金	40	売上	60
	売掛金	20		
③	販売費	10	現金	10

　B商店の3つの取引を見ると、①と③は商品の購入や販売費に関して現金を支払っており現金取引ですが、②の商品の販売は60で販売したものの、実際に受取った現金は40で、残りは売掛金としてまだ現金をもらっていません。これは取引相手を信用して後から回収するもので**信用取引**といいます。

2．売掛金（信用取引）が増えるとお金がなくなる

　図表5-4はB商店の損益計算書と収支計算書を並べたものです。

　損益計算書を見ると、売上高は60です。これは現金を受け取っ

ていなくとも、商品を相手に引渡すなどの販売行為が行われていれば、その期の売上は60となるからです。

売上高60から、商品の原価分40と販売費10を差引きして10の利益が出ています。

図表5−4　B商店の損益計算書と現金の収支

・損益計算書

仕入（原価）	40	売上	60
販売費	10		
利益	10		

・B商店の現金の収支

収入	売上	40
支出	仕入（原価）	40
	販売費	10
現金の増加		-10

これは、「法則53」のA商店の現金取引の場合と同じであり、現金取引でも信用取引でも実際に販売行為が行われれば売上高は同じく60となるからです。

では、B商店の現金の収支を計算してみましょう。

B商店の現金の収入は②の販売による40だけです。A商店は60全額を現金で受取っていましたが、B商店は20を売掛金として後から回収することとしたため、収入は20少なくなってしまったのです。

支出は仕入代の40と販売費10の支払い分で合計50となります。損益計算上の利益は10計上されているものの、現金収支を見ると−10とお金は減少してしまいました。

B商店の現金収支が不足してしまった原因は、現金をもらわず売掛金にしてしまったことです。このケースのように、売上を上げても売掛金にすると、利益は出ていてもお金は入らず、現金（資金）不足の状態を招くことになるのです。

このような、利益が出ているものの現金が不足している現象を、**「勘定足りて銭足らず」**といい、ビジネスの中ではたいへんよく起こる現象です（「失敗事例4」を参照）。

利益とキャッシュが一致しない
3つの要因がある

　前述のB商店のように信用取引があると利益とキャッシュは一致しなくなりますが、このような信用取引の発生を含めて、「利益＝キャッシュの増加」とならない原因を大きく分類すると次の3つのパターンになります。

図表5-5　利益とキャッシュが一致しない3つのパターン

3つのパターン	その理由と勘定科目の例
1.信用取引の発生	・売上が計上され利益は増加するものの、売掛金などになり現金収入にはならない場合。逆に商品を仕入れて買掛金とすると、費用は増加するが現金の支払いはない。 EX.売掛金、受取手形、買掛金、未払費用など
2.現金の支出を伴わない費用の発生	・費用として計上され利益の減少となるが現金は支出せず、その分利益に比べて現金が多くなる。 EX.減価償却費、評価損など
3.費用・収益に結び付かない現金収支の発生	・資産の購入などにより現金の支出はあるが、費用にならない場合。または現金の収入はあるが収益は発生しない場合。 EX.在庫の増加、設備の購入、借入金など

1. 信用取引の発生

　A商店のように、すべての取引が現金取引で行われていれば「利益＝資金の増加」になりますが、実際のビジネスでは現金で取引されるケースは多くありません。

　信用取引は、B商店のような売掛金だけでなく、逆に、商品を購入した場合の代金が後払いになる買掛金や未払費用などの場合は、売上原価などの費用は発生するものの現金の支払いは後日になります。

　実際のビジネスでは、売掛金や買掛金、未払費用などが発生する信用取引が中心であり、したがって利益と資金が一致すること

はほとんどありません。

2．現金の収入・支出を伴わない収益・費用の発生

建物や機械のような固定資産を購入すると、時間の経過によって資産の価値が減少し減価償却費が発生します。しかし、この減価償却費は計算上の費用であって実際の支出は行われません。

建物や機械などの資産を購入した場合、通常、そこで現金の支払いはすでに行われています。その後、その資産を活用して決算日を迎えます。そこで、「この資産の価値はいくら減ったのかなー」と計算するのが減価償却で、その段階では現金の支払いはありません。これが、計算上の費用という意味です。

このような現金の支出を伴わない計算上の費用は、減価償却費以外にも評価損や減耗損、引当金の繰入損など、様々なものがあります。また、逆に評価益や引当金の戻入益などは現金収入を伴わない収益です。

3．収益や費用とならない現金の収入や支出の発生

例えば、銀行から借入を行った場合、現金の収入があってもこれは収益ではなく利益には結び付きません。逆に借金の返済で現金の支出があっても費用ではありません。

また、車を購入して現金を払ったとしても、これは固定資産であり費用ではありません（ただし減価償却費の部分は費用になります）。

このような事項があると、お金は増減するものの収益や費用は発生せず、お金と利益は一致しなくなってしまいます。

減価償却費は金が残る

「法則55」で、利益とキャッシュが一致しない要因が3つあると説明しましたが、ここでは現金の支出を伴わない費用の代表例として、減価償却費があるとどのようにキャッシュに影響するのか見てみましょう。

1．損益計算書から現金収支を計算する

ビジネスのキャリアを重ねると、次第に会社の経営層の人と接する機会が増えるようになります。そんな時、会計知識で恥をかく代表的な例が**「減価償却費はお金が残る」**という言葉です。

会社の経営層の立場では、経営資金の動きは最大の関心ごとであり、「減価償却費はお金が残る」は当たり前の言葉です。なぜ「減価償却費はお金が残る」のか考えてみましょう。

図表5-6は、利益200を計上しているC商店のケースです。

図表5-6　C商店の損益計算書と現金収支計算書

損益計算書

費用		収益	
販売費用	520	売上高	1,000
減価償却費	200		
税金	80		
利益	200		
計	1,000	計	1,000

現金収支計算表

収入：	売 上 高	1,000
支出：	販売費用	520
	税　　金	80
差引：	現金増加	400

・売上高は現金販売とし、販売費用と税金はすべて現金払いとします。

これを損益計算ではなく、現金の収入・支出の計算に置き換えてみましょう。

売上高はすべて現金売上であり「収益＝収入」です。営業費用や税金も「費用＝支出」です。

　問題は減価償却費です、これは1年前に現金払いで購入した車の減価償却費で、この時点で現金の支出は一切行われません。現金の支出を伴わない費用です。

　以上の支出・収入の内容を記入したものが図表5-6の右側の現金収支計算表で、現金収入は売上高の1,000、現金支出は販売費用520と税金80で計600、現金の増加は400となります。

2.「減価償却費は金が残る」の意味は？

　C商店の利益は200ですが現金の増加は400です、このように減価償却費があると利益とキャッシュは一致しなくなります。

　前述の図表5-6の収支計算では、売上高1,000の収入から支払った金額600をマイナス計算しましたが、今度は少し視点を変えて、計算してみましょう。

　C商店では、売上高1,000の収入ですが、支出せず残っているものはどれでしょうか。

　図表5-7の損益計算書の中で網掛けの部分の減価償却費と利益が支出ゼロとなっています、つまり減価償却費は利益と同様に支出せずに現金として残っているのです。

　また、キャッシュフロー表では、まずお金が残る利益200をスタートに、費用として計上されたがお金の残っている減価償却費200をプラスして現金増分400を計算しています。

図表5-7　C商店のお金の残る損益項目とキャッシュフロー表

損益計算書

支出	費用		収益		収入
520	販売費用	520	売上高	1,000	1,000
0	減価償却費	200			
80	税金	80			
0	利益	200			
600	計	1,000	計	1,000	1,000

キャッシュフロー表

収入：	利　　益	200
	減価償却費	200
合計：	現金増加	400

現金が出ていかないのは減価償却費200と利益200の2つ

　このように、利益と同様に減価償却費はお金が残るのです。

キャッシュフロー計算書は、
貸借対照表の現金の増減明細書のこと

　売掛金が増えて利益が出てもお金がないケース、減価償却費のようにお金が出ていかない費用など、様々な要因で損益計算と資金計算は異なっていることがわかりました。

　では会社のお金の流れはどうなっているか、お金の流れが健全か否か判断するためには、お金の流れを整理したキャッシュフロー計算書（CF計算書）が必要となります。

　はじめにCF計算書の基本的な見方を理解していただきます。

1．CF計算書は現金預金の増減明細書

　図表5-8は、D社の20期と21期の2年間の貸借対照表と21期の損益計算書、それに21期のCF計算書を示したものです。

　CF計算書は貸借対照表と損益計算書から作成されます。

図表5-8　**D社の貸借対照表と損益計算書およびキャッシュフロー計算書**

20、21期の貸借対照表

		20期	21期
資産	現金預金	70	150
	売掛金	200	250
	棚卸資産	180	220
	固定資産	400	500
	計	850	1,120
負債・資本	買掛金	250	250
	借入金	300	470
	資本金	100	100
	利益剰余金	200	300
	計	850	1,120

21期の損益計算書

売上高	2,000
売上原価	1,550
販管費	270
営業利益	180
法人税等	80
当期純利益	100

（注）売上原価、販管費の中に減価償却費が80含まれている

21期のキャッシュフロー計算書

	期首現金預金		70
キャッシュフロー計算書	営業CF	当期純利益	100
		減価償却費	80
		売掛金増加	−50
		在庫増加	−40
		買掛金の増加	0
		小計	90
	投資CF	固定資産増加	−180
	財務CF	借入金増加	170
	CF計		80
	期末現金預金		150

利益を起点として、ここで利益とキャッシュの一致しない3つの要因を調整している

　まず貸借対照表を見ると、20期から21期にかけて現金預金が70から150へと1年間で80増えていることがわかります。

　またCF計算書を見ると、期首現金預金の70からスタートして期末の現金預金の150で終わっています。

　この関係を見ると、CF計算書は貸借対照表の現金預金の増減理由を説明したもの、つまり現金預金の増減明細書であることがわかります。

2. CF計算書は、純利益をもとに「利益とキャッシュが一致しない要因」を調整したもの

　今度は損益計算書とCF計算書の関係を見てみましょう。

　CF計算書の中のキャッシュフローの計算内容を見ると、損益計算書の当期純利益からスタートし、減価償却費や売掛金などがプラス・マイナスされています。

　つまりCF計算書は、当期純利益をもとに、これまでに説明した「利益とキャッシュが一致しない3つの要因」を調整したものということができます。

※キャッシュフロー計算書の「キャッシュ」の意味について
　「キャッシュ」とは簡単にいえば現金預金のことですが、キャッシュフロー計算書では、現金および現金と同等のものを含んでキャッシュとしています。現金と同等のものとは、例えば、普通・当座預金、3か月以内に満期が来る定期預金や公社債投資信託などが含まれます。

キャッシュフロー計算書は営業CF、投資CF、財務CFの3つで構成される

「法則57」のD社のCF計算書を改めて見てみましょう。

CF計算書は、会社のお金（以下資金という）の流れをわかりやすくするため、営業キャッシュフロー（営業CF）、投資キャッシュフロー（投資CF）、財務キャッシュフロー（財務CF）の3つに区分して表示しています。

図表5-9 D社、21期のキャッシュフロー計算書

期首現金預金			70
キャッシュフローの計算	営業CF	当期純利益	100
		減価償却費	80
		売掛金増加	-50
		在庫増加	-40
		買掛金の増加	0
		小計	90
	投資CF	固定資産増加	-180
	財務CF	借入金増加	170
	CF計		80
期末現金預金			150

1. 営業CF

営業CFは通常の事業活動によって獲得した資金を意味しており、図表5-9のCF計算書のはじめに当期純利益や減価償却費があり、これがスタートとなります。

一方、貸借対照表では、21期には売掛金が50増加しています。これは「法則54」の説明のように、売上高が計上されて当期純利益の増加要因となっていますが、売掛金50に相当する販売代金を受取っていないため、キャッシュの計算上ではマイナスとなっています。

　また棚卸資産が40増加しており、これはお金を払って在庫を買ったということですからキャッシュはマイナスです。

　D社はこれらの通常の事業活動によって90のキャッシュを獲得したことになります。

2．投資ＣＦ

　投資ＣＦの項目として固定資産増加が−180となっていますが、これはD社が新たに固定資産を購入して資金が減少したことを意味しています。

　固定資産の購入は事業活動の一環としての行為ですが、これは通常の販売や購入の行為と異なって将来へ向けての先行投資であり、営業ＣＦとは別区分して投資ＣＦとしています。なお、投資ＣＦには有価証券などの証券投資なども含まれます。

(注) 固定資産の増加による投資CFが−180となる理由
　D社の貸借対照表を見ると、20期から21期にかけて固定資産は400から500と、100しか増えていませんが、CFでは−180となっています。この理由は、21期には減価償却費が80発生しており、その金額分の固定資産が減少しているからであり、それを考慮すると期末の固定資産は次のように計算され、新規の固定資産投資額は180となります。

　期首の固定資産400−減価償却費80＋新規投資額180＝期末の固定資産残高500

3．財務ＣＦ

　財務ＣＦは、会社の財務活動によって増減したキャッシュを意味しています。

　財務活動とは金融機関や証券市場からの資金の調達や返済の活動、配当金の支払いなど、もっぱら会社の経理部門の仕事によって増減したキャッシュのことです。

　D社では、貸借対照表を見ると借入金が170増加しており、財務活動によってキャッシュを獲得したことを意味し、財務ＣＦにプラスの金額が170計上されています。

資金の健全性の評価は
3つのパターンに分類できる

1. D社は借金に依存した経営を行っている

もう一度D社のCF計算書を見て、キャッシュの流れが健全か否か考えてみましょう。

図表 5-10 D社、21期のキャッシュフロー計算書

	期首現金預金		70
キャッシュフローの計算	営業CF	当期純利益	100
		減価償却費	80
		売掛金増加	-50
		在庫増加	-40
		買掛金の増加	0
		小計	90
	投資CF	固定資産増加	-180
	財務CF	借入金増加	170
		CF計	80
	期末現金預金		150

　D社では事業活動によって利益と減価償却費で180のキャッシュを獲得しましたが、販売代金の回収の遅れや在庫の増加により、営業CFは90になってしまいました。

　また今期、獲得した営業CFの90よりも多くの金額180を固定資産投資につぎ込んだためキャッシュは不足し、その分は銀行などからの借入によって補塡しています。

　D社は、借金に依存してまで積極的に設備投資を行う意思決定を行ったのです。

　今期の固定資産への投資が成功し、今後の資金回収が順調に行われれば問題はありませんが、この投資が失敗に終わった場合、借入金の返済負担に苦しむことになります。

2．CF計算書の典型的な３つのパターン

　CF計算書における営業ＣＦと投資ＣＦの金額を比較すると、様々なパターンがありますが、その典型的なパターンとしては次の３パターンに分けることができます。

図表 5-11　キャッシュフロー計算書の典型的な３つのパターン

	堅実経営	積極経営	不振経営
営業CF	320	320	-50
投資CF	-220	-500	-100
フリーCF（FCF）	100	-180	-150

（注）フリーキャッシュフローの意味
　　営業CFと投資CFの差額をフリーCF（FCF）といいます。FCFがプラスであれば余ったお金を意味し、この資金は借入金の返済に充てたり、配当金を増やすなど、経営者が自由に使うことができる資金です。

・**堅実経営パターン**の場合、営業CFは320で投資CFの－220を差し引いてもフリーCFはプラスの100となっています。これがプラスということは、事業活動で獲得した金額の範囲で投資を行っており、無理することなく**堅実な経営**を行っているということができます。

・**積極経営パターン**の場合、投資CFは－500と営業ＣＦ320の金額を上回っており、フリーCFは－180のマイナスです。会社の今後の成長を期待して、少々無理をしてでも**積極的に投資**を行っています。この場合の不足分の資金は、借金に依存するか手持ちの資金を取り崩すかしなければならず、積極的な経営といえるものの、その半面では経営のリスクは高まっているといえます。

・**不振経営のパターン**では営業ＣＦがマイナスであり、事業活動で資金を獲得することができなかったことを意味しています。不振企業の典型的なパターンですが、経営を維持するためには最低限の投資も必要であり、このままいくとどんどん借金が増加してしまいそうです。

営業CFの範囲内で
設備投資を行うのが健全経営

1．堅実経営を貫くE社のCF計算書

「法則59」までの理解をもとに、堅実経営を行っている会社の事例を見てみましょう。

　E社は、精密部品や通信機器へと事業を展開し高収益を獲得する企業ですが、キャッシュフローを重視し、堅実な経営を旨とする経営を行っている会社です。

　次の図表5-12は、E社の5年間のキャッシュフロー表を要約したものですが、同社の経営哲学がキャッシュフロー表にどのように反映されているか見てみましょう。

図表5-12　E社の5年間のキャッシュフロー計算書　　（単位：億円）

	1年目	2年目	3年目	4年目	5年目
純利益	454	848	674	950	1,253
減価償却費	728	731	736	762	730
売上債権の増減	-388	-38	-149	473	-168
棚卸資産の増減	104	-398	-139	-252	-199
支払債務の増減	404	-101	-356	-346	-131
その他	74	49	329	-96	-177
営業CF【A】	1,376	1,091	1,095	1,491	1,308
設備投資	-365	-678	-584	-509	-571
事業取得による支出	-47	-355	-185	-160	-18
その他	-81	472	108	-342	-347
投資CF【B】	-493	-561	-661	-1,011	-936
フリーCF【A】＋【B】	883	530	434	480	372
短期長期負債増減	-120	-227	-51	-27	-32
配当金支払	-235	-259	-243	-286	-327
その他	-25	-22	-20	-15	-41
財務CF【C】	-380	-508	-314	-328	-400
CF計	503	22	120	152	-28
現金残高	3,131	3,153	3,273	3,425	3,397

　純利益は、少しの波はありますが1年目から順調に成長しています。

　営業ＣＦも、これも多少の波はありますが確実に1,000億円を超えています。

　設備投資を見ると、1年目は365億円ですが、2年目以降は500億〜600億円台の投資を維持し続け、また企業買収などの投資も行っています。

2．獲得した営業CFの範囲内で設備投資を行うとお金は余る

　何よりも、E社の特徴は、営業ＣＦと設備投資と事業取得による支出の金額を比べてみるとわかりますが、投資ＣＦの金額は確実に営業ＣＦの範囲内に収まっており、したがってフリーＣＦも毎年プラスになっています。

　事業の拡張（＝設備投資など）は、自らの事業活動で獲得した資金である営業ＣＦで賄っており、決して借金に依存することはありません。これこそが、E社の経営哲学を実践したキャッシュフロー計算書なのです。

　フリーCFが毎年プラスになり、余ったキャッシュの使い方（財務ＣＦ）を見ると、借入金の返済を行っていることがわかりますが、好業績を反映して配当金の支払いも徐々に増えていることがわかります。

　好業績で一見するとお金に余裕がありそうですが、5年目を見ると、余ったキャッシュ（フリーＣＦ）の大部分が配当金に充てられており、5年間の合計で見ても現金預金の残高はあまり増えておらず、株主を重視した経営を行っていることもわかります。

積極的な経営を続けると 借金が増える傾向がある

1. 莫大な資金を企業買収と設備投資につぎ込んだ F社のCF計算書

　F社は、電器事業からゲームやエンタメ業界、さらには金融ビジネスに進出して積極経営をしている典型的な会社です。

　図表5-13はF社が積極経営を続けていた5年間のキャッシュフロー計算書です。「法則60」で見たE社と対比して経営スタイルの違いを見てください。

図表5-13　F社の5年間のキャッシュフロー計算書 (単位:億円)					
	1年目	2年目	3年目	4年目	5年目
当期純利益	372	725	1,028	1,169	1,201
減価償却費	925	1,258	1,648	2,141	2,652
営業権償却					
その他	624	−342	−517	−236	−2,345
営業CF【A】	1,921	1,641	2,159	3,074	1,508
設備投資	−1,248	−1,743	−3,165	−2,830	−4,213
企業買収	−2,217		−5,507		−382
その他	125	−156	−1,844	840	426
投資CF【B】	−3,340	−1,899	−10,516	−1,990	−4,169
フリーCF【A】+【B】	−1,419	−258	−8,357	1,084	−2,661
借入金の増減	1,888	67	7,639	−720	2,669
新株発行		1,208	2,370	18	
配当金支払	−95	−113	−142	−169	−171
その他	81	−69	−6	13	−49
財務CF【C】	1,874	1,093	9,861	−858	2,449
CF計	455	835	1,504	226	−212
現金残高	2,149	2,984	4,488	4,714	4,502

　純利益は、1年目から5年間で急成長しています。減価償却費

がかなり増加していることから見て、以前に設備への投資が盛んに行われ、それが成功して純利益の増加に結び付いていると思われます。

1年目の営業ＣＦは約1,900億円であるのに対して、設備投資と企業買収に約3,400億円以上を投じています。事業活動で獲得した資金よりもはるかに巨額な資金をつぎ込んでいますので、当然資金は足りません、不足分は借入金の増加で賄っています。

2年目も営業ＣＦを超える設備投資を行っていますが、なんといっても3年目のキャッシュフローの状態は圧巻です。

営業CF約2,200億円に対して、設備投資と企業買収・その他を合わせると、なんと1兆円をこえる投資を行っています。当然そんな資金はありませんので、不足分は借入金と新株発行（増資）によって約1兆円を調達して賄っています。

4年目はやや投資を控えて、フリーCFが黒字になっており、余ったお金を借入金の返済に充てていますが、5年目はまた積極的に設備投資を行い、多額な借入金を積み上げる結果になっています。

2．積極経営のもとに膨らんだ膨大な借金の返済リスク

Ｆ社のこの5年間のフリーCFは赤字であり、巨額な借入金に依存した投資活動であることがわかります。このような経営の方法を借金依存経営といい、将来の成長を期待した積極的な経営ですが、一方、この投資が成功するか否かはわかりません。

もし、この投資が思うような成果を上げることができない場合には、多額の借入金の返済も難しくなり経営存続の危機に陥ってしまうというリスクを抱えることになります。

Ｆ社のキャッシュフロー計算書は、典型的な積極経営のパターンであり、「法則60」の堅実経営を旨とするＥ社とは全く異なる経営スタイルであることがわかります。

連結CF計算書では、税引前利益から キャッシュの計算がスタートする

1．CFに関する資料は「連結CF計算書」として公表 されている

これまで、CF計算書については個別決算を前提に説明をしてきました。しかし、個別決算ではCF計算書の作成は義務付けられておらず、世の中に公表されているCFに関する計算書は、ほとんど「連結キャッシュフロー計算書（連絡CF計算書)」となっています。また、日本の会計基準で作成された「連結キャッシュフロー計算書」は、これまで説明した内容とやや異なった表示形式で報告されており、その理解が難しくなっています。

ここでは、読者の方々が公表されている「連結CF計算書」を利用する場合の留意点について説明します。

2．連結CF計算書は税引前利益から始まる

図表5-14は、公表されている「連結CF計算書」の典型的なパターンです。「法則61」まで見てきたCF計算書と異なる点を見てみましょう。

税金等調整前（税引前の意味）当期純利益がスタートです。

また、「小計」があり、その「小計」を挟んで上に「受取利息及び受取配当金」と「支払利息」が、下に「利息及び配当金の受取額」と「利息の支払額」が表示されています。

「小計」の上の「受取利息及び受取配当金」と「支払利息」は損益計算書に計上された金額であり、この中には利息の未収分や未払分も含まれているため、ここでマイナスとプラスにして、利息分がすべてなかったことにしています。

　次に「小計」の下で、実際にキャッシュとして受取ったり支払った利息を「利息及び配当金の受取額」と「利息の支払額」として改めて計上しています。これでキャッシュに置き換わったことになります。

図表5-14　連結キャッシュフロー計算書の様式

営業活動によるキャッシュ・フロー		
税金等調整前当期純利益	5,200	
減価償却費	480	
受取利息及び受取配当金	-16	
支払利息	18	
売上債権の増減額（−は増加）	250	
棚卸資産の増減額（−は増加）	210	
仕入債務の増減額（−は減少）	-2,700	
小計	3,442	
利息及び配当金の受取額	10	
利息の支払額	-17	
法人税等の支払額	-1,940	
①営業活動によるキャッシュ・フロー		1,495
投資活動によるキャッシュ・フロー		
有形固定資産の取得による支出	-520	
無形固定資産の取得による支出	-145	
投資有価証券の売却による収入	25	
②投資活動によるキャッシュ・フロー		-640
財務活動によるキャッシュ・フロー		
短期借入金の純増減額（△は減少）	-350	
長期借入金の返済による支出	-200	
③財務活動によるキャッシュ・フロー		-550
現金及び現金同等物の増減額（−は減少）①+②+③		305
現金及び現金同等物の期首残高		22,400
現金及び現金同等物の期末残高		22,705

　また、「小計」の下にもう一つ「法人税等の支払額」が計上されています。これはCF計算のスタートが税引前の利益から始まっており、それを税引後の当期純利益に修整するためです。

　では、最終的に今期いくらのキャッシュが増えたのか、①～③の営業CF、投資CF、財務CFの3つを合計した金額が「現金及び現金同等物の増減額」として表示されており、これが今期獲得したキャッシュ305となります。

　期首のキャッシュ残高22,400にこの305を加えた金額22,705が今期末に保有するキャッシュの残高となります。

減価償却には定額法と定率法の2つの方法がある

1. 減価償却の意味とその計算方法

　ここでは、これまで出てきた減価償却の意味とその計算方法をあらためて説明することにします。

　会社で建物や機械、あるいは車両などの固定資産を購入した場合、この取得に要した金額（取得価額という）は、その使用期間（**耐用年数**という）にわたって毎年費用として配分されていきます。この費用のことを**減価償却費**といいます。

　もし、固定資産の取得価額を取得した年にすべて費用として計上してしまうと、その年の利益が極端に少なくなってしまいます。逆に、それ以降の年度は固定資産を使用して収益を獲得するものの費用は発生しないため、利益が極端に大きくなり、毎年の利益が大きく変動してしまい、会社の経営状態の判断が難しくなってしまいます。

　そこで、固定資産を取得した場合には、取得価額を耐用年数に応じて費用として配分し適正な損益計算を行うことを目的として、減価償却を行うことが義務付けられています。

　しかし、減価償却の方法には定額法や定率法という方法があり、どちらの方法を採用するかによって、毎年の減価償却費は大きく異なってきますので、その計算方法を正しく理解しておく必要があります。

　なお、定額法と定率法のどちらを採用するかは会社の任意によりますが、多くの会社では建物や構築物は定額法を、機械工具や車両などは定率法を採用しています。

　またいったん採用した方法は、正当な理由がある場合を除いて

変更してはならず、毎期継続して適用しなければなりません。

2．定額法による減価償却費の計算方法

　G商店では商品の配送用として車両を1,000千円で購入しました。車両の使用期間（耐用年数）は5年であり、定額法によって減価償却費の計算を行ってみましょう。

　定額法の場合、償却率は次のように計算され20%（0.200）となります。

・**定額法の償却率＝（1／耐用年数5年）×100＝20%**

　また各年度の減価償却費の計算式は、次のとおりであり、5年間にわたって毎年200千円の減価償却費となります。

・**購入価格1,000千円×償却率20%＝減価償却費200千円／年**

図表5-15　定額法による減価償却費の計算　　　　　　　　（単位：千円）

	1年目	2年目	3年目	4年目	5年目
残存価額	1,000	800	600	400	200
減価償却費	200	200	200	200	200

3．最終年度末には備忘価格として1円が残る

　図表5-15では、各年度の減価償却費は200千円となっていますが、正確にいうと5年目の減価償却費は199,999円です。

　これは、通常、減価償却の耐用年数が終了しても固定資産を継続して利用する場合が多く、帳簿上1円の金額を備忘価額として残しておくためです。

　このように、減価償却の耐用年数が終了しても継続的に固定資産を利用する場合、必ず1円の備忘価額を残しておくことが必要であり、これは定率法を採用した場合も同じです。

定率法によると当初年度の
減価償却費の負担が大きい

1. 定率法の償却率は定額法の償却率の2倍となる

「法則63」の定額法による減価償却を行った事例を使って、今度は定率法による減価償却を行ってみましょう。

定率法の場合、償却率は次の計算式により定率法の2倍（200%）となります。

・**定率法の償却率＝定額法の償却率20%（1／耐用年数5年）×200%＝40%**

定率法の場合、各年度の減価償却費は、期首の残存価格に償却率を乗じて計算します。

●**1年目の減価償却費の計算**

残存価額1,000千円（＝取得価額）×償却率40%＝減価償却費400千円

●**2年目の減価償却費の計算**

2年目（期首の）残存価額600千円×償却率40%＝減価償却費240千円

3年目以降は2年目と同様、期首の残存価額に償却率をかけて計算しますが、4、5年目の減価償却費は、4年目の残存価額216千円の50%（0.500）が均等に割振られ108千円となります。

図表5-16	定率法による減価償却費の計算				(単位：千円)
	1年目	2年目	3年目	4年目	5年目
残存価額	1,000	600	360	216	108
減価償却費	400	240	144	108	108

定額法の減価償却費	200	200	200	200	200

(注) ただし5年目の減価償却費は、正確には備忘記録1円を残して107,999円となります。

(注) 定率法の償却率で減価償却を行った場合、償却期間の後期に（このケースの場合4、5年目）になると減価償却費が少なくなり、耐用年数経過後に償却されない金額が生じてしまうことになります。
このため税法では、耐用年数の後期に、改定償却率や保証率という指標を設定し、耐用年数内に（1円の備忘価格を残して）すべて償却できるように調整計算を行うようになっています。

2．定率法では初年度の利益を上げにくい

このように、同じ車両を使っていても、減価償却の方法として定額法による場合と定率法による場合では各年度の減価償却費が大きく変わることに注目してください。5年間の合計金額は同じですが、特に1年目の減価償却費の差は大きくなります。

図表5-17は、1,000千円の車両を購入したG商店の定額法と定率法を採用した場合の損益計算書です。G商店では、この車両を使用する5年間の売上高を1,000千円、販売費用を500千円とし、税引前利益に対して30％の税金がかかるとします。

定額法を採用した場合5年間の損益は同じで、税引後利益は210千円です。

しかし定率法を採用した場合、各年度の減価償却費が変化し、特に1年目、2年目の減価償却費が大きく、利益は少なくなってしまいます。5年間を合計すればどちらも同じになりますが、このように定率法を採用すると、最初の期は利益が上げにくくなっています。

図表5-17　定額法と定率法を採用した場合G商店の利益の変化

定額法を採用した場合の損益

	1年目	2年目
売上高	1,000	1,000
販売費用	500	500
減価償却費	200	200
税引前利益	300	300
税金（30%）	90	90
税引後利益	210	210

…

定率法を採用した場合の損益

	1年目	2年目	3年目	4年目	5年目
売上高	1,000	1,000	1,000	1,000	1,000
販売費用	500	500	500	500	500
減価償却費	400	240	144	108	108
税引前利益	100	260	356	392	392
税金（30%）	30	78	107	118	118
税引後利益	70	182	249	274	274

キャッシュフローで見ると
定率法が有利になる

「法則64」では、減価償却の方法として定率法を採用すると、最初の期間に利益が上げにくくなることがわかり、一見すると定額法のほうが有利のように思われました。

ここでは、定額法、定率法を採用した場合のキャッシュフロー効果を考えて、改めてどちらが有利か考えてみましょう。

1．損益計算から収支計算を行うと

「法則64」で見たG商店の損益計算書を見てみましょう。

G商店では売上高はすべて現金で、販売費用はすべて現金で払ったとします。税金分も現金で支払うとし、損益計算書から現金の収支計算を行ってみましょう。

定額法の場合、現金の収入は売上高の1,000です。また現金の支出は販売費用の500と税金90の計590です。その結果410の現金が増加したことになります。これは5年間同じです。

一方、定率法の場合を見ると、1年目は、現金の収入1,000に対して支出は販売費用の500と税金30の計530です。その結果470の現金が増加し、定額法の場合に比べて多くの現金が増加しました。

この理由は、定率法を採用するとはじめの年度は減価償却費が大きくなって利益が少なくなり、その分税金の支払額が少なくなるため現金が多く残るからです。

2年目以降、徐々に減価償却費が減少し、現金の増加額も少なくなりますが、定額法に比べて早い期間に多くの現金を回収することになり、キャッシュの動きを見ると定率法が有利な結果となるのです。

図表 5-18　定額法と定率法を採用した場合G商店の利益とキャッシュフローの変化

定額法を採用した場合の損益

	1年目	2年目
売上高	1,000	1,000
販売費用	500	500
減価償却費	200	200
税引前利益	300	300
税金（30%）	90	90
税引後利益	210	210

...

定率法を採用した場合の損益

	1年目	2年目	3年目	4年目	5年目
売上高	1,000	1,000	1,000	1,000	1,000
販売費用	500	500	500	500	500
減価償却費	400	240	144	108	108
税引前利益	100	260	356	392	392
税金（30%）	30	78	107	118	118
税引後利益	70	182	249	274	274

	1年目	2年目
収入：売上高	1,000	1,000
支出：販売費用	500	500
税金（30%）	90	90
キャッシュ増加額	410	410

...

	1年目	2年目	3年目	4年目	5年目
収入：売上高	1,000	1,000	1,000	1,000	1,000
支出：販売費用	500	500	500	500	500
税金（30%）	30	78	107	118	118
キャッシュ増加額	470	422	393	382	382

2．間接法でキャッシュフローを計算すると

　上記の損益計算から現金収支に置き換えた計算方法を**直接法**といい、キャッシュフローを計算する場合、現金の収入や支出があった項目を一つ一つ取り上げて計算する方法です。

　これに対して、「法則56」で見たように「利益はキャッシュの増加分」としてスタートし、減価償却費や売上債権や仕入債務の増減などの項目を調整してキャッシュフローを計算する方法を**間接法**といいます。

　直接法でも間接法でもキャッシュフローの金額は同じになりますが、間接法でキャッシュの増加額を表示すると、次のように利益と減価償却費がキャッシュの増加額となります。

図表 5-19　間接法によるキャッシュフロー計算

定額法の場合

	1年目	2年目
税引後利益	210	210
減価償却費	200	200
キャッシュ増加額	410	410

...

定率法の場合

	1年目	2年目	3年目	4年目	5年目
税引後利益	70	182	249	274	274
減価償却費	400	240	144	108	108
キャッシュ増加額	470	422	393	382	382

ビジネス数値の
実践的な活用方法

　第1部では、会社の決算書として公表されている損益計算書、貸借対照表、キャッシュフロー計算書の見方や、それらの決算書から優良企業や問題企業の見分け方について理解していただきました。

　このように、決算書の見方、見分け方を理解することは、会社の全体像を見るため、あるいは業界や経済の動向を把握するためのベースとなり、ビジネスでの不可欠な基礎知識となります。

　しかし、「決算書を読めるようになると日常でどんな仕事に生かせるのですか?」と素朴な質問を受けることがよくあります。

　確かに、決算書を読めるようになって、それが直接的に日常の仕事に活用できる部分は、営業担当の与信管理などを除いて、多くあるわけではありません。

　そこで第2部では、第1部の基礎知識をもとに、それがビジネスの現場で役に立つような実践的な活用方法を紹介することにしました。

　まずコスト・利益意識の重要性から始まり、数値分析の進め方を紹介しています。

　また、日々のビジネスの意思決定を行うために不可欠な原価の仕組みについて理解していただいた上で、様々なビジネスでの数値の活用事例を紹介することにします。

　最後に、株式投資を行う上で、知っておきたい会計知識についても紹介することにします。

第 **6** 章

利益・費用の
意識を高め、分析力を高める

この章で学ぶこと

　ビジネスの実践の場面で数値を使って実績を上げるには、様々な数値の活用の仕方をマスターした「ビジネス数値に強い人」にならなければなりません。

　また、「ビジネス数値に強い人」になるためには、まず利益やコストに関する意識を高め、感度を高めることが必要です。

　さらに、ビジネスの現場で数値を活用するためには、様々な数値分析の手法を理解しておかなければなりません。

　この章では、はじめに利益やコストに関して説明し、次に数値を使った基本的な分析手法の説明をしています。

　いずれも「ビジネス数値に強い人」になるためのベースとなるものです。

「ビジネスの数字に強い人」は 分析力に優れた人

1．「ビジネスの数字に強い人」ってどんな人だろう

よく、「私は、数字に弱いから……」とか「○○さんは数字に強いよね！」という会話を耳にすることがあります。

また周辺で、仕事で数字を見るたびに、その用語や計算方法に戸惑い、頭を抱えてしまう人もいます。そんな人の言い訳で「僕は（私は）文系ですから……」というのがあります。

しかし、文系出身の人でもビジネスの数字に強い人はいます。「ビジネスの数字に強い人」とはどんな人でしょうか。

ビジネスの現場では様々な数字が使われ、必然的に入力や集計作業などの計算作業が多く発生します。ここで存在感を発揮するのが、ブラインドタッチの入力や集計がものすごく速い人です。算盤の上級者であれば、100万円単位の金額が並んだ数字を、暗算で瞬間的に答えを出す人もいます。このような入力や計算の速い人は「ビジネス数字」に強い人でしょうか。

「入力や計算が速く正確にできる人、簿記や会計の知識のある人＝ビジネス数字に強い人」というのは間違いです。

2．「ビジネスの数字に強い人」は数字を使って的確なコミュニケーションができる人

例えば、好きなプロ野球の選手がいたとします。なぜあの選手のファンなのか説明する時、「彼は打撃のセンスが良いから」とか「すごい選手だから」というだけでなく、「今シーズンの打率も3割3分で首位打者だ」と説明するほうが、どの程度すごい選手なのか、より実感がわき納得しやすくなります。

　ビジネスの社会でも同様です。職場の上司や先輩から「今月の販売状況はどうだ？」と聞かれた時、「まあまあです」とか「売上は伸びています」というよりも、「売上高は前年比3％アップで目標達成まであと20万円不足です」とか、「仕事は予定どおり進んで完成まであと3日です」と数字を使って説明すると、より具体的で的確に状況の説明ができます。

3.「ビジネスの数字に強い人」は分析力と判断力に優れた人

　営業所の係長であるAさんは、営業所長から今月の担当地区の販売状況を聞かれて「現在のところ売上高は前年比で3％アップです、全体として好調です」と答えました。

　たしかに、今月の販売状況を数字を使って的確に伝えていますが、加えて「ただし、製品別に見ると、C製品は前年同月比で110％と大幅に伸びましたが、D製品は94％にとどまってしまいました」と報告したらどうでしょうか。

　一見すると全体では3％アップで好調のように思いますが、製品別ではD製品の販売実績は不振であることがわかります。

　このように全体を一括りで見るのではなく、いくつかの層（特性といいます）に分けて見ることを「分析」といい、特性別に数値を分けて加工し、その数値の背後にある特徴や問題点を浮かび上がらせることができる人は「分析力のある人」です。

　さらにいうと、「売上高は対前年比で3％アップ」と聞いて、「それは問題だ！」と判断したBさんがいます。Bさんはこの営業所と同規模で同タイプの営業所の数値と比較して売上成長率が低いと判断したのです。Bさんは数値を聞いたとたんにその数値の良しあしが判断できる人なのです。

コスト・利益意識を持つことが
ビジネスのスタート

1. 利益を上げ続けることの難しさ

では、通常、会社はどれだけの利益を獲得できるのか、100円売ったら普通の会社ではそのうちいくらの利益を上げているのか図表6-1の法人企業統計のデータを見てみましょう。

またこの統計では、会社の規模を資本金の大きさで示しており、その規模別の利益率を見ると、資本金10億円以上の会社では営業利益率5％、純利益率3.5％と高い数値となっていますが、1000万円～1億円の会社では営業利益率、純利益率ともに1％台、1000万円未満の会社では本業で0.5％の赤字となっています、小規模の会社では本業で利益を計上することができない状態なのです。

我々は日頃100円の売上高に対して、1円の費用を余分に払ったくらいではたいした問題ではないと思いがちですが、この統計で見るように多くの会社では利益が半減するか出なくなってしまうのです。1円の重さが思い知らされます。

会社経営は、まさに1円、いや銭単位の攻防が繰り広げられる世界なのです。

図表6-1 2020年度、規模別の営業利益率（財務省、法人企業統計より）

	企業分類	営業利益率	※純利益率
資本金規模別	10億円以上	5.0%	3.5%
	1億～10億円	3.3%	2.3%
	1000万円～1億円	1.6%	1.1%
	1000万円未満	-0.5%	-0.4%

※会社は利益を獲得すると、通常約30％の法人税などを支払うため、営業利益率×70％で計算したもの

２．コスト意識の重要性

　図表6-1のように、資本金１億〜10億円の会社では、100円売って約３円の営業利益、約２円の純利益を上げるのが平均的な会社の数字でした。

　ということは、日本の会社では100円の売上高を獲得するために97円の費用（コスト）がかかっているということです。どんな種類のコストがどうしてそんなにかかるのでしょうか。

　利益を高めるには、売上高などの収益を増やすことも必要ですが、コストに着目しこれを下げる努力も必要です。もし100円売るのに97円もかかっているコストを、１円でも下げれば営業利益率は１％向上することになります。

　売上高などの収益を高めるためには、会社の外部のお客様への販売努力が必要ですが、それに比べてコストの引き下げは、多くの部分が会社の内部努力で実現することができます。

　我々が会社で仕事をする場合、身の回りで様々なコストが発生しています。会社に来る時に電車に乗れば交通費が、パソコンをたたけば電気代が、書類をプリントすれば事務費が、その他照明の電気代、オフィスの賃借料、何よりも自分の人件費も、と考えたら切りがないほどのコストが発生しています。

　コストを下げるためには、会社の一人一人が、仕事をする時にそこでどんなコストがかかっているのか、さらにそのコストにムダがないか、いつも気にする意識を持つことが何よりも大切になります。それが「コスト意識」なのです。

　コスト意識が高い会社もあれば低い会社もあります。自分の会社はどちらなのか是非考えてみてください。

競合企業よりも多くの利益を
上げなければ生き残れない

1. 会社は利益を上げ続ければ事業を拡大できる

　はじめに、手元資金を120持って事業を始めようとするEさんのケースで考えてみます。Eさんは事業で利益が出たら、それをすべて事業につぎ込んでいくとします。

　1期経った後では利益分の30を加えて150のお金を持つことになります。

　Eさんは150のお金をすべて次の商品の購入や配送費などにつぎ込み、次の図表6-2のように毎期利益を上げ続けていったとします。

図表6-2　Eさんの毎期の成績

	購入代金	配送、包装費	販売代金	利益	手元資金
0期					120
1期	100	20	150	30	150
2期	120	30	190	40	190
3期	150	40	240	50	240

　このように利益を上げ続ければ、どんどん商品の購入量も販売代金の回収金額も増え、事業を成長させ続けることができるのです。

　逆に、もし赤字を出し続けながらこの事業を継続したとします。その結果どんどん手元の回収金額は少なくなり事業の規模は小さくなって、最終的には消滅してしまいます。

2. 競合企業よりも多くの利益を上げなければ競争上不利な立場になる

　会社にとって利益を上げることの重要性や難しさはわかりました。では、会社は利益を上げさえすればよいのでしょうか。

　今、同じ業種に属するF社とG社があり、両社とも手元資金100を事業につぎ込んだとします。当期の売上高は100と同じですが、F社は営業費用（税金含む）を支払った後で3の利益を、G社は10の利益を計上したとします。

　会社の場合、通常この利益から株主などへの配当金などが支払われますが、それを考えなければG社のほうがたくさんのお金が手元に残ることになります。

図表6-3　競合するF社とG社の利益と回収額

	売上高	営業費用	利益	回収額
F社	100	97	3	103
G社	100	90	10	110

　これからの競争を考えると、G社のほうが設備や研究開発に充当できる金額がより大きくなります。あるいはF社よりも多くの人員を投入できるかもしれません。F社はG社に比べて、より少ない経営資源（人、モノ、金など）で競争しなければならず、競争上不利な立場になってしまいます。

　このように、競合他社に比べて利益を獲得する力が弱く、その状態が何年も続くと業界の地位も大きく差がつき、生き残るためにはG社と直接競合しない市場を見つけて売上や利益を確保したり、G社とは異なった製品を開発したりしなければならず、厳しい経営を強いられることになってしまします。

　数字に強いビジネスパーソンを目指すためには、自社の利益や利益率がいくらかに関心を持つだけでなく、競合他社の利益や利益率と比較しておくことが重要です。

自分の人件費は給与＋賞与 の約 1.5 倍となる

1．人件費には何が含まれているか

コスト意識を高めるための最も典型的な言葉として「自分の人件費は自分で稼げ」という言葉がよくいわれます。

しかし、実際に自分の人件費がいくらなのか正確に計算する機会もなく、学生時代のアルバイト経験での時給を思い出し、「それより 2〜3 割増しだろう」と思う人が多いのが実態です。

人件費はその人の給与と賞与の合計額と思っている人がいたらそれも大間違いです。手取りの金額を人件費と思っている人もいますが、これは最悪のパターンです。

人件費には何が含まれているか、まず給与、賞与ですが、手取金額で計算してはいけません。残業すれば残業代がかかります。

会社を辞める時には退職金が支払われますが、それは勤務期間全体で積み立てられていきます。また、健康保険料や厚生年金といった社会保険料は、本人の負担分以外に、同じ金額を会社が負担しなければなりません。

さらに介護や雇用保険、労災保険などの負担分が発生します。これらの費用は法定福利費といい、これ以外にも会社が任意で実施する福利厚生関係の手当である法定外福利費も発生します。家族手当、住宅手当、交通費、地域手当、財形補助、慶弔手当、保養所の運営などの様々な費用がこれにあたります。

2．1 時間当たりの人件費はいくらか

いま入社 5 年目の若手社員 H さんがおり、給与や賞与などの金額は次のようであったとします。この社員の 1 時間当たりの

人件費はいくらになると思いますか。

図表6-4　若手社員Hさんの勤務条件

若手社員Eさんの給与等の勤務条件	
・基本給（月給）	250,000 円
・賞与は年間で月給の4か月分	1,000,000 円
・1か月当たり平均残業代（10時間）	30,000 円
・1か月当たり通勤手当、住宅手当等	30,000 円
・月間所定労働時間	160 時間

　この条件に当てはめて、上記の人件費に含まれる金額を計算してみましょう。賞与は年に月給の4か月分として1,000,000円で、月割りすれば約83,000円になります。

　またこの月給ですと、月々の健康保険料、厚生年金、雇用保険の会社負担分（法定福利費）は、それぞれ12,000円、20,000円、2,000円くらいかかります。さらに退職金の月割計算分ですが、33年勤務して退職金が20,000,000円とし、単純に月割りすると、月平均約50,000円です。

　この条件でHさんの月当たりの人件費と1時間当たりの人件費を計算したものが図表6-5です。

　Hさんの場合、月々の人件費は合計477,000円となり、月の残業時間込みの勤務時間170時間で割ると、1時間当たりの人件費は約2,800円になります。

　この数値は日本の会社の平均的な金額をもとに作成しましたが、各種の手当が充実していて、もっと福利厚生コストがかかる会社もあります。ぜひ、図表6-5を活用して、自分の月の人件費、1時間当たりの人件費はいくらか計算してみてください。

図表6-5　Hさんの1か月当たりの人件費と時間コスト

人件費項目		
	基本給	250,000 円
	賞与	83,000 円
	残業代（10時間）	30,000 円
	退職金積立額	50,000 円
	法定福利費	34,000 円
	法定外福利費	30,000 円
	合計	477,000 円

月間勤務時間	170 時間
1時間当たり人件費	2,806 円

在庫を持つと目に見えにくい
様々なコストが発生する

1. 在庫って何だろう、どうして必要なのか

コスト意識に関して、人件費と同じくいわれる例が在庫です。

経営幹部の人から「現金だと1円でも拾って大切にするが、原料や製品などの在庫だといくらあってもなんとも思わない社員が多い」という話を聞いたことはないでしょうか。

また、「在庫を減らせ！」といわれると、少し会計知識のある人は、「在庫は資産だからいくら持っても経費は発生しない」といって、簡単に納得しない人もいます。

在庫は棚卸資産ともいわれ、製造や販売目的で保管される資産をいいますが、商品、製品、仕掛品、原材料などがあります。

在庫は、お客様の要求や製造現場の要求に確実に対応するためには、余裕を持たせたほうが有利な面もあり、経営するために必要不可欠なものです。

もしお客様から商品の注文を受けた場合に、その在庫がないと販売できず売上機会を逃してしまいます。これを**機会ロス**（機会損失）といいますが、それだけでなくお客様の信頼をなくし、これを頻繁に繰り返すと以後の経営が難しくなってしまいます。

製造工程でも同様です。今日製造するのに必要な在庫がなければ工程はストップし、製造要員や機械などは手待ち状態となり、大変なロスが生じてしまいます。

このようなリスクがあるために、在庫管理の担当者の立場からは、必要最低限の在庫数量よりもやや多めの在庫を持っておきたいという気持ちが働きます。

しかし必要以上に在庫を持つと、余分なコストが発生し、経営

を圧迫するリスクとなることもあります。

2．在庫を持つと発生するコスト

まず、在庫を持つとどんなコストが発生するのでしょうか。

・保管費用、ハンドリング費用

在庫を持つと当然保管スペースが必要となり、倉庫料や倉庫担当者の人件費、フォークリフト代などの費用も必要です。

在庫管理のデータ処理費や帳票代などの費用も発生します。

・破損や紛失などの現物のロス

在庫を持てば、どんなに注意しても取り扱いミスや自然劣化による破損、汚損がある程度発生しますし、紛失や盗難の可能性もあります。特に在庫が増えると管理がずさんになりやすく、これらのロスの発生率は増加する傾向になります。

・値引ロス、廃棄ロス

どんな製品にもライフサイクルがあり、人気商品でもやがて売上が落ちたり、新製品が出ると旧モデルの製品は売れなくなり、その処分に値引きが発生します。

また長期に滞留し、販売のめどが立たないデッドストックになると、大幅な値引きや廃棄処分が発生してしまいます。

・金利費用

在庫を購入すれば、そのお金の支払いが必要です。その資金を借入金で調達すれば金利がかかり、自己資金で調達すると、その資金を他の目的に活用して得られる利益が失われます。

このように在庫を持つことによって、目に見えにくい様々なコストが発生するため過剰在庫とならないような**適正在庫**を維持することが何よりも重要となるのです。

数字に強い人は
様々な分析手法を活用できる

1. 基本的な数値分析の方法を実践してみよう

「法則66」では「ビジネスの数字に強い人」は分析力に優れた人、と説明しましたが、ここでは基本的な分析手法を理解し、分析力を高めていただきます。

①金額（量）だけでなく比率も見る

　3地域の売上高と利益の数字から3地域の利益率を算出したものが図表6-6です。この数字を見ると、K地域が売上高も利益も一番大きく、最も優良地域のように思われますが、利益率でみるとJ地域が一番優れています。

　I地域の利益率は一番低く、売上や利益だけでなく、利益効率にも問題があります。このように、金額を見たら必ず関連した比率を算出して比較してみることが重要です。

②平均値と比較する

　今度は利益率について、図表6-7で3地域の比較だけでなく

図表6-6 ◯月度地域別売上高、利益、利益率

	I地域	J地域	K地域
売上高	130	150	200
利益	8	13	15
利益率	6.2%	8.7%	7.5%

図表6-7 ◯月度3地域と全地域の利益率比較

	I地域	J地域	K地域	全社合計
売上高	130	150	200	1,700
利益	8	13	15	140
利益率	6.2%	8.7%	7.5%	8.2%

図表6-8 ◯月度3地域と優良地域の利益率比較

	I地域	J地域	K地域	優良地域L
売上高	130	150	200	160
利益	8	13	15	18
利益率	6.2%	8.7%	7.5%	11.3%

全社の平均値と比較してみます。この会社には全国に10地域がありその平均値と3地域と比較してみました。

　全社平均の利益率は8.2％で、これを上回っているのはJ地域だけで、I地域K地域ともに利益率は平均以下です。

　このように、平均値と比較するとより客観的に各地域の評価が可能になります。

③優良値と比較する

　J地域は3地域の中でも一番利益率が高く、しかも全国平均を上回り、この数字を見る限りJ地域は優良ということになり、J地域に関する問題意識は浮かび上がってきません。

　では、図表6-8で全社の中で利益率が一番高いL地域と比べてみます。L地域と比べてJ地域の売上高はほぼ同規模にもかかわらず、利益率は2.6％も低く決して褒められる値でないことがわかります。L地域と比較分析すると、J地域の課題が浮かび上がってくるでしょう。

④数字のバラツキ、推移（トレンド）を見る

　このほか図表6-9、6-10には、全社の10地域ごとの売上高と利益率のバラツキを示す分布図表や3地域の数値のトレンド分析も行っています。このような分析を加えると、これまでとは違った視点での問題点や課題が新たに浮かんできます。

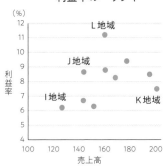

図表6-9　全地域の売上高と利益率のバラツキ

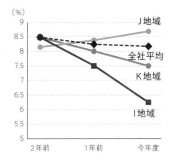

図表6-10　3地域の利益率のトレンド

売上高は、客数×客単価で分析する

1．売上高の分析方法は「売上客数」×「客単価」で行う

売上高の内容については、地域別、顧客別、製品別など様々な分析方法がありますが、ここでは最も基本的な「客数」「客単価」による分析方法について考えてみます。

スーパーマーケットやコンビニエンスストアーなどの小売業は、店舗で不特定多数のお客様を対象に膨大な種類の商品を販売します。したがって、売上高の内容を分析する場合、特定の顧客を対象に分析ができず、「売上客数」×「客単価」で分析します。

また売上客数は、店舗に入店したお客様を示す「来店客数」とそのうち実際に購入した割合を示す「買上率」からなります。

一方、客単価は一人のお客様が平均いくつの商品を購入したかを示す「買上点数」と平均いくらの値段の商品を購入したかを示す「1点単価」に分解されます。

| 図表 6-11 | 基本的な売上高の分析方法 |

		売上客数	=	来店客数	×	買上率
売上高	=	×				
		客単価	=	買上点数	×	1点単価

2.M店の売上高不振の原因を分析すると

このような考え方で、今期の売上実績が前年対比で大きく減少したM店の売上高について、内容を分析してみます（図表 6-12）。

その原因としては、客数の減少もありますが、客単価の減少がより大きく影響していることがわかります。図表 6-13は、その

2つの要因が売上高の減少に対していくらの効果があるか図解したものであり、太線が今年度の実績、細線が前年度の数値です。

売上高は前年対比で590千円減少していますが、そのうち440千円が客単価減少の効果であり、約75％を占めています。

図表 6-12　M店の売上高と前年対比

	前年度	今年度実績	前年対比
売上高（千円）	6,750	6,160	91.3%
客数（人）	4,500	4,400	97.8%
客単価（円）	1,500	1,400	93.3%

図表 6-13　売上高減少の原因分析

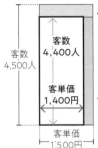

・客数の減少効果
（前年度客数4,500人
－今年度実績客数4,400人）
×客単価＝150千円

・客単価の減少効果
（前年度客単価1,500円
－今年度実績客単価1,400円）
×今年度客数＝440千円

3．客単価と売上客数をさらに分析してみると

売上減少の主原因である客単価の内容を分析してみましょう。

客単価は買上点数と1点単価に分解されますが、図表6-14を見ると1点単価は前年比で見るとやや減少している程度でほとんど横ばい状態です。これに対して、買上点数は3.2から3.0と大きく減少しておりこれが客単価減少の原因となっています。

買上点数が減少した原因を徹底的に究明することが必要です。

なお、先に説明したように、売上客数＝来店客数×買上率によって計算されます。買上率は来店した人のうち何パーセントの人が実際に購入したかという意味です。

図表6-15を見ると、買上率が前年よりも低下していることがわかります。

図表 6-14　客単価の前年対比

	前年度	今年度実績	前年対比
客単価（円）	1,500	1,400	93.3%
買上点数	3.2	3.0	93.8%
1点単価	468.8	466.7	99.6%

図表 6-15　客数の前年対比

	前年度	今年度実績	前年対比
客数（人）	4,500	4,400	97.8%
来店客数	5,200	5,200	100.0%
買上率	87%	85%	97.8%

ABC分析は重点管理の
分析手法として利用される

1. ABC分析は重点管理の手法

　一般に、「2：8（ニッパチ）の法則」とか「80：20の法則」という言葉があります。

　これは、あらゆる事象について、一部の事象や現象が全体に大きな影響を及ぼしているとする考え方です。例えば、「20%の種類の商品が全体の売上や利益の80%を生み出している」「20%の種類のクレームが全体の件数の80%を占めている」などです。

　ABC分析は、以上のような考え方をもとにし、売上や販売個数、あるは商品や在庫など、様々な改善や管理を行う場合、最も数が多く構成比の高いものに着目して優先的に対策を行い、より少ない時間で最大の効果を発揮しようという重点管理の手法であり、ビジネスの中で使用される最も基本的な数字分析の手法です。

　また、ABC分析は、次の事例のようにパレート図を作成することが多いため、「**パレート分析**」といわれることもあります。

2. ABC分析図表の作成と実践的な活用方法

　図表6-16は、N営業所の製品別販売数量です。全体の販売数量が500で、このうちa製品が150と全体の30%を占めています。このデータで製品別のABC分析を行ってみましょう。

　製品別の販売数量を多い順に並べABC分析図表としたものが図表6-16の右の図表です。

　a、i、bの上位3つの製品で全体の約70%の販売数量を占めておりこれをAランク製品とします。f、j、cの3製品で全体の約20%でありこれをBランク、残りの4製品で約10%を占めこれ

をCランクとします。

図表6-16 N営業所の製品別販売数とABC分析図表

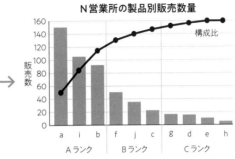

製品	販売数	構成比
a	150	30.0%
b	92	18.4%
c	22	4.4%
d	15	3.0%
e	10	2.0%
f	50	10.0%
g	16	3.2%
h	5	1.0%
i	105	21.0%
j	35	7.0%
計	500	100.0%

　このグラフを見ると、営業所全体の売上高を維持するためには、Aランクの3製品を最も重視し注力する必要があります。この3製品にパワーの70％を投入してもよいくらいです。

　具体的には、この3製品に対しては在庫切れの発生がないように在庫管理を徹底するとともに、この製品を購入してくれている得意先にも販売数量を維持できるような対応が必要です。

　実際に、このようなAランクの重点製品に対しては倉庫の保管場所や棚を他の製品とは区別し、一目で在庫数量がわかるようにしている会社もあります。

　Bランク製品は、Aランクほどではないが、売上に貢献している商品です。売り方を改善することでAランクの商品に変わる可能性があり、その検討も必要と思われます。

　Cランク製品については、売り方や製品の改善の見込みがあれば早急に手を打つことが必要ですが、可能性がなければ取り扱いの中止を検討する必要があります。ただし、このような製品にはコアなファンがいることもあり、注意する必要があります。

　ABC分析は大変使い勝手がよく簡単な手法ですのでぜひ活用していただきたいと思います。

クロス分析は2つの視点から
課題を明確にする手法

1. クロス分析は2つの視点からの分析手法

　クロス分析とは、ポートフォリオ分析、マトリクス分析、ポジショニング分析など、様々な呼び方がありますが、2つの視点（または指標）からマトリクスをつくり、様々な要素を配置（ポジショニング）することによってその特徴を浮かび上がらせる手法です。

　クロス分析は、ABC分析と同様にビジネスの様々な問題解決を行う上で最も効果的な分析手法といわれています。

　例えば、図表6-17のように、商品の生産性を高めようと対策を検討しているO部門があったとします。O部門では商品の生産性指標を次のように、数量ベースでの商品回転率として設定しています。

　　商品の生産性＝商品回転率＝〈販売数量／在庫数量〉

　このような商品回転率の向上というテーマの場合、在庫数量だけでなくもう一方の販売数量を加えて2つの視点で分析しなければなりません。このような場合に有効な手法がクロス分析であり、今度はO部門の在庫数量データに月間販売数量のデータを加えて分析してみましょう。

2. クロス分析図表を作成した実践的な活用方法

　図表6-17のクロス分析図表は、縦軸に月間販売数量を、横軸に在庫数量をとり各商品のポジショニングを行ったものです。中央の縦軸、横軸の線はそれぞれの平均値である14個と19個で縦横に線を入れて区切ったものです。

図表 6-17 ○部門の商品別販売数量と在庫数量（クロス分析図表）

商品	在庫数量	月間販売数量
a	20	40
b	25	12
c	15	25
d	17	13
e	15	40
f	12	8
g	8	22
h	13	15
i	10	13
j	5	6
計	140	194

　この結果、図表は4つのゾーンに分かれ、ゾーン1は在庫数量も販売数量も大きく稼ぎ頭の商品であり、さらなる販売数量の拡大が課題であり在庫削減の対象ではありません。

　ゾーン2は在庫数量が多く販売数量は低い在庫過剰の商品であり、商品回転率を向上するために在庫削減が不可欠となります。ゾーン3は在庫数量が少なく販売数量が多い在庫過小商品です。在庫の増加などの対策によって販売数量が高まる可能性があるか検討することが必要です。またゾーン4は在庫数量も販売数量も少なく問題商品であり、もしこれ以上の販売増加の可能性がなければ商品カットも検討しなければなりません。

　以上のように、クロス分析では縦軸と横軸の2つの視点から事象をポジショニングすることによって今後の対策の方向を見出すことが可能になるため、商品管理のためだけでなく、会社の将来の方向を決める戦略立案から現場での改善活動まで、広く使われています。ぜひ仕事で実践し、この分析手法を使いこなせるようになってください。

第 **7** 章

不思議な原価のからくりを知る

この章で学ぶこと

　前章では、「ビジネス数値に強い人」になるために基本となる利益意識やコスト意識の重要性を学びました。

　この章では、さらに内容を深めて、「ビジネス数値に強い人」になるために不可欠な採算意識や数値判断力を高めていただきます。

　ビジネスでの経験を重ねていくにつれて、利益を獲得するため、またはコストダウンのために様々な判断を求められる場面が増えてきますが、その時多くのビジネスパーソンが当惑することが「原価の仕組み」に関することです。

　原価は材料費、労務費、経費から構成されますが、生産数量や販売量を増減するとともに増減する原価も、増減せずに額が一定の原価もあります。

　したがって、製品の原価を計算する場合と採算計算を行う時の原価の計算方法は異なってきますので、これを理解しておくことがビジネスの現場で正しい判断を行うために不可欠です。

　この章では、前半で製品原価の計算方法を説明し、後半に採算計算の進め方について事例を中心に説明を加えます。

　序章「失敗事例5」で得意先からの特注を断って怒られた失敗談を紹介しましたが、同じような失敗をしないようにしっかりと理解していただきたいと思います。

製品の原価は材料費、労務費、経費から構成される

1．総原価と製造原価がある

売上高（販売価格）から製造原価と販売費及び一般管理費を差し引いて残ったものが利益ですが、製造原価と販売費及び一般管理費を合計したものを一般に「総原価」といい、経営活動を行うために消費したすべてのコストがこれに含まれます。

一般的な製造業の場合には、工場で発生したコストがすべて製造原価と集計され、本社や営業所、配送センターなどで発生したコストは販売費及び一般管理費として集計されます。

また工場で発生した製造原価は材料費、労務費、経費の3つに分かれ、これが原価の3要素といわれます。

図表 7-1 原価の構成

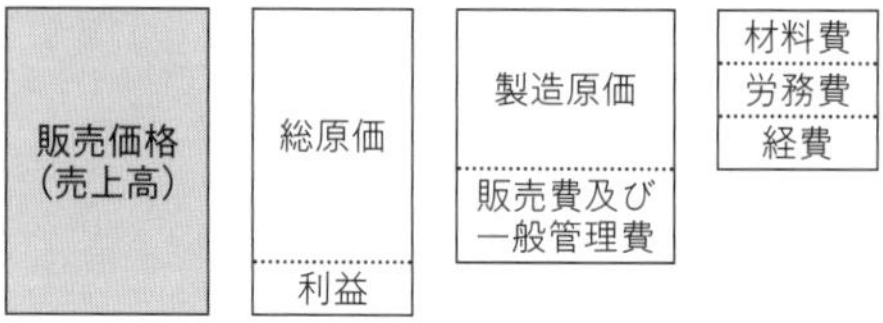

なお、本業外の支払利息、事故や災害による損失、税金や配当金などの項目は原価に含まれない「非原価項目」といわれます。

2．製造原価を構成する3要素

・材料費

材料費は、製品の本体を構成する物品である主要材料費や外部から購入して製品に組み込まれる買入部品費が中心です。

しかしそれ以外にも、重油、灯油、ガソリン代などの燃料費、

溶接材などの補助材料費、機械油、布などの小額で 1 年未満に消費される消耗工具備品も材料費に含まれます。

　また材料費には、このような物品の購入価格だけでなく、買入手数料、引取運賃、関税などの外部に支払う副費（外部副費）や購入事務費、検収・保管費などの内部で発生する副費（内部副費）も含まれます。ただし、内部副費に関しては、実務上は製造経費として扱うことが多くあります。

・労務費

　労務費は、労働力に支払われた対価ですが、工具の労働に支払われる給与・賞与である賃金、事務員や監督者の給与・賞与、臨時工やパート社員に支払われる雑給があります。

　また給与・賞与だけでなく、各種手当をはじめ、社会保険料や教育訓練、食費補助などの福利厚生費、将来の退職金の支払いに備えた積立分も労務費に含まれています。

・製造経費

　製造経費は、材料費、労務費に該当しないすべてのコストで次の 4 つに分類されます。

支払経費	外注加工費、特許権使用料、修繕費、旅費交通費、事務用品費など
月割経費	賃借料、減価償却費、火災保険料、固定資産税など
測定経費	電力料、ガス代、水道代など
発生経費	棚卸減耗費、仕損費

　支払経費は、支払や請求があった時点でその金額を把握する経費であり、外注加工費や修繕費、旅費交通費などがあり、月割経費は、賃借料や減価償却費に代表されるように年や月の金額が固定して決まっている経費です。

　測定経費は、電気やガス代などのメーターで測定して金額を把握する経費であり、発生経費とは、棚卸減耗費や仕損費のように実際にその事実が発生して把握できる経費です。

製品の原価は製造原価を
完成数量で割って計算される

1．なぜ原価計算を行うのか

　原価計算は、文字どおり、製品の原価を計算することですが、なぜ製品の原価の計算をしなければならないのでしょうか。

　一般に、原価計算を行う目的は、正しい決算書を作成する、販売価格を決定する、原価の管理を行うためといわれています。

　もし、製品の原価の計算がいい加減に行われていると、正しい損益の計算はできず、その結果、関係者に対する信頼性の高い報告を行うことができなくなってしまいます。

　また製品を販売する場合、価格をいくらにするかは最も重要な決定事項です。販売価格を決定する場合には、お客様の感じる価値に対する適正価格を設定することが基本ですが、製品原価に対していくらの利益を上乗せするかという判断も重要です。

　さらに、会社が利益を獲得し続けるためには常にコストダウンなどの経営努力が必要です。

　そのためには、製品の製造にいくらの原価がかかったのか計算するだけでなく、予定した原価（または標準原価）に対してその範囲に収まったのか、オーバーしてしまったのか、その進捗状況を常にチェックし、もし実際の原価が予定した原価をオーバーしてしまった場合には、その原因を徹底的に究明し、次のコストダウン活動に結び付けることが重要になります。

2．単一製品の原価を計算してみよう（総合原価計算）

　まず、次の設問1のような簡単なケースで製品原価の計算をしてみましょう。

> **設問1**　今月、工場ではＡ製品の製造を行い、そのコストと完成数量
> は次のとおりです。製品１個当たりの原価はいくらでしょうか。
>
> 投入コスト　　　　　　　　　　　（単位：円）　完成数量　1,000個
>
> | 費目 | 金額 | 内訳 |
> |---|---|---|
> | 材料費 | 500,000 | (@500円、1,000個) |
> | 労務費 | 200,000 | |
> | 経費 | 300,000 | |
> | 計 | 1,000,000 | |

　設問１の場合には、Ａ製品を継続して作り続けており、このような場合には「総合原価計算」という原価計算の方法が適用され、投入したコストを完成数量で割って製品の原価を計算することになります。

　このケースでは、1,000千円のコストを投入して、Ａ製品を1,000個すべて完成させており、Ａ製品の製造原価は次の計算のように、１個当たり1,000円となります。

・投入コスト1,000千円÷完成品数量1,000個＝1,000円

　もし月末時点で100個の仕掛品（製造過程にありまだ完成していないもの）があった場合、その仕掛品を完成品に換算して１個当たりの製造原価を計算することになります。

　例えば、月末時点で100個の仕掛品があり、完成度を見積もったところ40％であったとします。この場合、仕掛品を完成品に換算すると40個となり、１個当たりの製造原価は次のように約961.5円となります。

・投入コスト1,000円÷完成品数量1,040個（1,000個＋40個）
　＝961.5円

　以上は単一製品を継続的に生産する場合の原価計算ですが、これに対して、異なる製品を個々に受注して製造するような個別受注生産の場合には「個別原価計算」という原価計算の方法が適用されます。

複数の製品を製造すると間接費が発生する

1. 直接費と間接費の区分

「法則76」は、工場で単一の製品しか製造していない場合の原価計算の方法ですが、現実には、お客様のニーズの細分化に対応するため、多品種少量生産の傾向が進み、1つの工場で生産される製品数は数千、数万種類に及ぶことも多々あります。

このように複数製品の製造を行っている場合には、特定の製品の製造だけに発生したコスト(**製造直接費という**)と、どの製品の製造のために発生したか判別できないコスト(**製造間接費という**)の2つに分けて原価計算をしなければなりません。

例えば、特定の製品を製造するために購入してきた材料代や特定の製品の外注加工費などは直接費になります。

しかし、1人の作業者でも複数の製品の製造に関わっていたり、工場の管理部門の経費や建物・機械の減価償却費、火災保険料などで、どの製品の製造のためにいくらの金額をかけたか把握できない場合は間接労務費、間接経費になります。

2. 製造間接費は配賦基準によって製品別の原価に配分される

次の設問2で、製品B、Cの原価を計算してみましょう。

直接材料費は、製品別に集計できますので問題はありません。

製造間接費である労務費と動力費は、B製品とC製品にいくらかかっているかわかりませんが、このような製造間接費も製品の製造に寄与しており、それぞれの製造間接費が各製品の製造にどのように関わっているか、できるだけ因果関係のある配賦基準を

使用して製品別の原価に集計することになります。

設問 2 いま工場では、B製品とC製品の2つの製品を製造しており、各費用の発生状態と完成品数量、製造に関わる各データは次のとおりであったとします。それぞれ製品1個当たりの原価はいくらでしょうか。

各費用の発生状態 （単位：円）

費　用		B製品	C製品	計	配賦基準
直接材料費		100,000	60,000	160,000	
製造間接費	労務費	?	?	50,000	作業時間数
	動力費	?	?	60,000	機械稼働時間
計		?	?	270,000	
完成品数量		1,000個	800個		

製造に関わる各データ

費　用	B製品	C製品
作業時間数	30時間	20時間
機械稼働時間	15時間	15時間

上記の設問2の場合、労務費は作業時間数によって、動力費は機械稼働時間を配賦基準として用い、製品B，Cに集計します。

図表7-2　製品ごとの製造原価の計算結果

費用		B製品	C製品	計	配賦基準
直接材料費		100,000	60,000	160,000	
製造間接費	労務費	30,000	20,000	50,000	作業時間数
	動力費	30,000	30,000	60,000	機械稼働時間
計		160,000	110,000	270,000	
完成品数量（個）		1,000	800		
1個当たり製造原価		160	138		

以上の結果、B製品とC製品の製造原価の計算結果は図表7-2のとおりです。

このように、複数の製品を製造している場合には、製造間接費を製品別にどのように負担させるか、その配賦基準の設定の仕方によって原価が大きく影響を受けることになります。

(注) **配賦基準の変更によって変わる原価**
製品別の原価を正しく計算するには、適切な配賦基準の設定が重要であると説明しましたが、適切な配賦基準を設定することはたいへん難しいものです。
例えば、工場の総務・経理部門や守衛さんの人件費なども間接費であり、このような費用を製品に正しく配分するためにはどのような配賦基準をつくったらよいか考えてみてください。

標準原価計算を用いると原価管理がしやすい

1．標準原価計算とその目的

　製品の原価を計算する場合、多くの企業では**標準原価計算**の仕組みを導入しています。

　標準原価計算とは、あらかじめ想定された環境のもとで製造する場合の、製品1個当たりの材料費、労務費、経費ごとの標準原価を決定しておき、製品が完成した時点で次のように製品の製造原価を計算する仕組みです。

　（製品1個当たり）標準原価×生産数量＝製品製造原価

　この方法によると、原価を迅速に把握することが可能です。

　実際の原価がいくらかかったか判明するには時間がかかります。例えば、材料代はあとから値引き交渉があったり、電気代はメーターで確認したり、諸経費はあとから請求書が送られて発生金額がわかります。

　したがって標準原価を決定しておき、生産数量に応じていくらの原価がかかったか決めてしまいます。これによって販売額がわかれば利益の計算も即可能となります。

　標準原価計算を導入するもう一つの理由は**原価管理**です。

　ここでいう標準原価（目標とする原価）は、効率よく製造したらこのくらいの金額でできるであろうという原価であり、科学的な調査分析によって決定された合理的な原価ともいわれます。

　しかし、実際の製造工程ではムリ・ムダやアクシデントが発生し、様々なロスが含まれ、それが実際の製造原価となっています。

　これをもって「標準原価こそが正しい原価であり、実際の原価は何らかの誤りを含んだ原価である」といういい方もあります。

　したがって、標準原価と実際の原価を比較し、その差（原価差額）があった場合、製造現場で何らかの好ましくない事態が発生したものと推定され、その原因を追及して、以後のコストダウンに結び付けようとすること、つまり原価管理（＝原価コントロール）を行うことが標準原価計算導入の主な狙いなのです。

2．標準原価計算による原価管理のプロセス

　標準原価を用いてどのように原価管理を行うか、そのプロセスを見てみましょう。

①原価標準（製品1個当たりの標準原価）の決定

　まず、製品1個当たりの標準原価（原価標準という）を、直接材料費、直接労務費、製造間接費ごとに決定します。この原価標準は、ある意味で厳しいレベルの原価である必要があります。

　もし、逆に原価標準のレベルが低い水準に設定された場合、製造工程で少々ミスや事故が発生しても原価差異が発生せず、コストダウンの活動は進みにくくなってしまいます。

②実際原価の把握

　当然ですが、一方で実際にいくらの材料費や労務費、経費がかかったかできるだけ早いタイミングで把握しなければなりません。実際原価の集計が遅ければ遅いだけ、次の差異分析や原因の探求が遅くなり、その間余分なコストが生じてしまいます。

③原価差異の分析と対策の実施

　標準と実際の原価差異が生じた場合、すみやかに差異の原因を分析・探求し、対策を実施しなければなりません。

　成果を捻出するには改善の実行力が重要であり、製造現場や原価管理者の改善に向けたリーダーシップが要求されます。

原価差異の分析を行うと原価削減の課題が明確になる

1. 直接材料費の差異は価格差異と消費量差異に分けられる

　実際の製造原価が標準に比べてオーバーし、原価差額が発生した場合の原価差異の分析方法について、直接材料費の事例で考えてみましょう。

　直接材料に関して標準と実際の原価差額が生じた場合には、その差額を価格差異と消費数量差異に分けることが必要です。

　価格差異は購買過程で生じた差異であり、また消費量差異は製造過程で予定した材料よりも多く使用してしまったことによる差異であり、差異の発生原因が異なるためです。

　図表7-3の原価データにある直接材料費の原価差額の原因を分析してみましょう。

図表7-3　直接材料費に関する標準と実際の原価データ

実際製品生産量　　3,000個
予定生産数量　　　3,400個

	単位	標準	実際	原価差異
直接材料費	円	1,800,000	2,016,000	216,000
単価	円	300	320	
1個当たり使用量	kg	2.0	2.1	
材料使用量	kg	6,000	6,300	機械稼働時間

　直接材料費は、1個当たりの標準使用量が2kgで生産量が3,000個ですので、合計6,000kgが標準使用量となり、これに標準単価300円を掛けた金額の1,800千円が標準原価となります。

　この標準原価に対して実際には2,016千円の材料費がかかってしまいました。

2．材料費の差異を図表化して分析してみる

　図表7-4のように、原価差額を2つの部分に分けると、①の部分が価格差異になります。これは、材料を予定の購入価格よりも高く買ってしまったことが原因であり、製造過程で生じたロスというよりは、購買段階の問題で生じた原価差額です。

図表7-4　直接材料費の原価差額の原因分析

価格差異＝(320-300)×6,300＝126,000円

数量差異＝(6,300-6,000)×300＝90,000円

　②の部分は、想定した材料の消費量よりも多く使用してしまった原価差額です。

　不良品が発生したのか、材料の使用の仕方がまずかったのか、これは製造過程で発生したロスによるものであり、製造部門でその原因を徹底的に追及し、同じようなロスが繰り返し発生しないように対策を講じなければなりません。

売上の増減とともに変化する費用と
変化しない費用がある

1．売上増加によって費用と利益はどう変化するか

これまで製造原価は材料費、労務費、経費から構成されると説明してきました。ここでは次の図表 7-5 の D 商品の販売に関する費用を別の視点から見てみることにします。

図表 7-5　D商品の前期実績

科　目	前期実績		今期予想
売上高	1,000	→	1,200
売上原価	750		?
販促費用	50		?
人件費（社員）	100		?
管理費	40		?
費用計	940		?
利　益	60		?

某社の D 商品に関する前期実績は上記のとおりでしたが、今期、前年比で 20％の売上数量の増加を計画しています。20％の売上増により費用や利益はどう変化するのでしょうか。

売上原価は D 商品の仕入原価で、販売されると売上高の原価（売上原価）となり、これは商品 1 個売る毎に増えていきます。

販促費用は商品を販売する小売店に対して支払うリベートや配送料などで、販売数量が増えるにつれて増えていく費用です。

人件費は、D 商品を販売する社員（営業担当者）の給与や賞与等で、売上高が増えても人数や残業時間は増えず人件費の変動はありません。

管理費は主に D 商品に関わる事務処理代で、部門全体の経費から定額が D 商品分として割り振られたもので、変化しません。

2．費用は変動費と固定費に分けられる

　以上がD商品に関して発生する費用の内容ですが、D商品の売上増に関連する特徴によって2つに分けることができます。

　一つは、D商品の販売数量を増やすとそれにつれて増える費用である、売上原価や販促費用です。もう一つは、D商品の販売数量が増えても発生額は一定で変わらない費用であり、人件費や管理費用です。

　前者を**変動費**、後者を**固定費**といい、このように費用を分類することは販売計画を立てたり複数の案のどちらが得か判断する場合に大変重要な役割を果たします。

　変動費と固定費を区分する基本的な考え方は以上のとおりです。しかしビジネスの現場では、変動費と固定費に区分することが難しい費用がたくさんあります。

　図表7-5は小売業の事例ですが、では製造業では実際にどのように変動費と固定費に区分するか見てみましょう。

　製造部門では、多くの費用が生産数量や稼働率の増減によって増減するため、費用の増減要因としては、一般に生産数量や機械や人員の稼働率などが考えられます。

　したがって、製造部門での変動費は生産数量や製造時間などの増減に応じて増減する費用をいい、生産数量や稼働時間が増減しても変化しない費用が固定費となります。

　実際には変動費と固定費にきれいに分けることができない費用も多くありますが、次の図表7-6の某企業の製造費用に関する変動費、固定費の区分事例を参考にしてください。

図表7-6　某企業の経費に関する変動・固定の区分例

・変動費……材料費、外注費、動力費、運搬費、消耗工具費など
・準変動費…事務消耗品、光熱費、修繕料、出張旅費、通信費、交際費、調査委託費など
・固定費……減価償却費、事業税、租税公課、賃貸料、倉敷料、保険料など

変動費と固定費を区分すると売上増減による利益の変化を予測できる

1. 売上増加による利益の予測をすると

以上のような変動費と固定費の区分の仕方によって、改めて「法則80」のD商品の利益がいくらになるか考えて見ましょう。

D商品に関する費用のうち、売上原価と販促費用は変動費、人件費と管理費は固定費です。

図表7-7 D商品の今期の利益予想

科　目	前期実績	変動費	固定費	増加分	今期予想
売上高	1,000			200	1200
売上原価	750	○		150	900
販促費用	50	○		10	60
人件費（社員）	100		○	0	100
管理費	40		○	0	40
費用計	940			160	1,100
利　益	60			40	100

図表7-7は、前期の実績に基づいて今期の利益を予測したものです。

売上高が20％増加するため、変動費である売上原価と販促費用は20％増加しますが、固定費である人件費と管理費は前期の実績が増加することはありません。

この計算の結果、売上高は200増加しますが費用は合計で160しか増えず、今期の利益は40増えて100になることがわかります。前期に比べて約70％もの増益の達成です。

・今期の利益予測をグラフ化してみよう

次の図表7-8は、以上の説明をグラフ化したものです。横軸上の1,000の位置に引いた縦の線は前期の売上高（1,000）を示

しています。また縦軸上の140の位置に引いた横線は固定費（人件費＋管理費）を、縦軸上の140の点から斜めに伸びている線は変動費＋固定費を表しています。

図表7-8　今期の利益予測のグラフ化

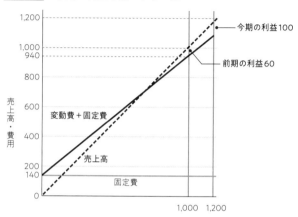

左下の0の位置から斜めに伸びて、縦軸横軸ともに1,000の位置まで伸びている点線は売上高の増加を示しています。

変動費は売上高の増加とともに増加し、1,000の売上高の時点で940になっており、その差額が利益の60となっています。

さらに、今期に売上高が1,200まで増加し、斜めの売上高の線と変動費の線は1,200の地点まで伸びていくため、利益の幅が広がっているのがわかります。これが今期の予想利益100を示しているのです。

損益分岐点は利益が
ゼロになる点をいう

1．宴会の費用と参加人数の関係をグラフ化する

次の忘年会の参加人数に関する設問を検討してみましょう。

設問3 職場の忘年会の幹事役を任されたEさんは、会場を手配しようとF飲食店に見積りを依頼したところ、次のような返事がありました。

・1人当たり飲み代と料理代　　　3,000円
・席料（40名まで収容可）　　　50,000円

問題1 1人当たりの会費を5,000円とすると、赤字を出さないためには、何名の参加者を集めなくてはならないでしょうか。

問題2 また、もし30名の参加者が集まったとすると、いくらの余り（黒字）が出るか、考えてください。

この忘年会の費用「席料」と「飲食代」の内容を見てみます。

F飲食店に確認したところ、席料は当日の参加者が何人でも、たとえゼロになっても50,000円かかるとのことで、これは固定費です。飲食代は当日の参加者1人当たり3,000円とのことで、これは人数によって増減するため変動費です。

図表7-9は、この関係を、縦軸に費用を、横軸に参加者数をとって図表化したものです。席料は参加者の増減にかかわらず50,000円と一定であり、横軸と平行した線になります。

飲食代は参加者が1人増えるごとに3,000円増えていくため、席料50,000円の点を起点に右上がりの線になります。

この図表を見ると、参加者がゼロの場合には席料しか発生しないため費用総額は50,000円となり、参加者が10人の場合は80,000円、20人では110,000円、25人では125,000円、30人では140,000

円と増加していきます。

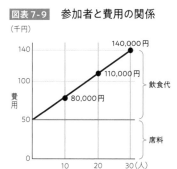

図表 7-9　参加者と費用の関係

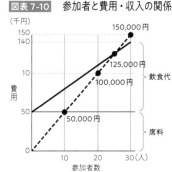

図表 7-10　参加者と費用・収入の関係

2．赤字を出さないためには何人集めればよいか

上記の図表7-9に、新たに会費収入の線を加えた図表7-10を見てみましょう。

会費収入は、左下の0の点からスタートし、参加者1人につき5,000円増加していきます。参加者が10人の時は会費収入が50,000円（10人×5,000円）であり、費用は80,000円となるため30,000円の赤字です。20人の時会費収入は100,000円となるが費用は110,000円であり、まだ赤字です。参加者が25人になると、会費収入は125,000円ですが費用も125,000円となりちょうど収支が一致することになります。

この忘年会で赤字を出さないために、最低25人が必要でこれが収支トントンの状態です。これが忘年会の**損益分岐点**となり、**損益分岐点売上高**は125,000円となります。

問題2の30人を集めた場合、会費収入は150,000円になりますが、費用は席料と飲食代の総額で140,000円であり、10,000円の余り（利益）が出ることになります。もし30人が集まるなら、これを余興の景品代とすることができるかもしれません。

法則 83

現状の損益をもとに損益分岐点売上高が算出できる

1．店舗での変動費と固定費の区分方法

今度は店舗のケースで損益分岐点を考えてみましょう。

損益分岐点を計算するには、はじめに費用を変動費と固定費に区分しなければなりません。図表7-11はG店の損益計算書とそこでの費用を変動費と固定費に区分したものです。

G店では売上高が150,000、費用は売上原価（100,000）と販売管理費（37,500）で合計137,500、利益は12,500です。

変動費か固定費か明確に区分しにくい費用もあるため、区分比率という指標を設定して変動費と固定費に分けています。

図表7-11　G店の損益計算書と変動費と固定費

損益計算書 費目			区分比率(%) 変動費	固定費	変動費	固定費
売上高		150,000				
売上原価		100,000	100	0	100,000	
	粗利益	50,000				
販売管理費	販促費	9,400	100	0	9,400	
販売管理費	人件費	12,000	10	90	1,200	10,800
販売管理費	減価償却費	8,100		100		8,100
販売管理費	管理費	5,000	20	80	1,000	4,000
販売管理費	その他営業費用	3,000	30	70	900	2,100
販売管理費	計	37,500				
	営業利益	12,500			112,500	25,000

売上原価は販売された商品の原価分であり区分比率は100%変動費です。販促費については、売上高の増減にかかわらず固定的な費用が一部含まれている場合がありますが、名目が売上を増やすための費用であり、変動費100%として区分しています。

人件費は大部分が固定費ですが、残業代や繁忙期に増加するパ

ート・アルバイトの費用もあり、10％分を変動費にしています。

　減価償却費は、売上の変動があっても増減しませんので100％
固定費です。

　問題は管理費やその他の営業費用ですが、水道光熱費や通信費
など、売上の増減によって変動する費用も含まれており、その実
態を考慮して管理費は20：80、その他営業費用は30：70の比率で
変動費と固定費に区分することにしました。

　このように、変動費と固定費の区分に関しては、絶対的なルー
ルは存在せず、各費目の内容を見ながら、それぞれの会社で判断
するしかありません。

2．計算式で損益分岐点売上高、損益分岐点比率を算出する

　G店の損益分岐点売上高を、今度は計算式によって算出してみ
ましょう。損益分岐点売上高は次のような公式で計算することが
できます。G店の数値をこれに当てはめて計算すると、損益分岐
点売上高は次のように100,000となります。

$$\text{損益分岐点売上高} = \frac{\text{固定費}}{1 - (\text{変動費}/\text{売上高})} \qquad \text{損益分岐点売上高} = \frac{\text{固定費 (25,000)}}{1 - (\text{変動費 112,500}/\text{売上高 150,000})} = 100,000$$

　G店の現在の売上高は150,000であり、損益分岐点売上高は
100,000でした。

　これは現状の売上高に対して66.7％の比率であり、これを**損
益分岐点比率**といいます。

　損益分岐点比率は、現状の売上高が66.7％の水準に落とし込
んでも赤字にはならないことを意味しており、経営の安全性を評
価するために用いられ、計算式は次のとおりです。

$$\text{損益分岐点比率} = \frac{\text{損益分岐点売上高}}{\text{現状の売上高}} \qquad \text{損益分岐点比率} = \frac{\text{損益分岐点売上高 (100,000)}}{\text{現状の売上高 (150,000)}} \times 100 = 67\%$$

赤字店舗の損益分岐点比率は
100％より高くなる

1. 赤字店舗の損益分岐点売上高を算出すると

　今度は赤字店舗であるH店について、黒字にするためにはいくら売上を伸ばす必要があるのか考えてみましょう。

　図表7-12のH店の損益計算書を見ると、売上高は1,000ですが変動費と固定費を合わせた費用は合計1,050となり、利益は50の赤字となっています。

図表7-12　H店の損益計算書

売上高	1,000
変動費	800
固定費	250
利益	△50

　H店のこの数値を、前記の損益分岐点売上高の計算式に当てはめて計算してみましょう。

$$損益分岐点売上高 = \frac{固定費(250)}{1-(変動費800/売上高1,000)} = 1,250$$

　H店の損益分岐点売上高は1,250となります。現在のH店の売上高は1,000です。

　損益分岐点売上高は先に説明したとおり売上高と費用の総額が一致し利益がゼロとなる売上高です。つまり、現在の損益の構成を前提にすると、特にコストダウンの努力をしないとすれば、赤字を抜け出すためにはあと250売上高を増加しなければならないことになります。

2. 100％を超える損益分岐点比率は赤字を意味する

　今度はH店の損益分岐点比率を算出してみましょう。

　損益分岐点比率算出の公式を当てはめて計算した結果は次のようになります。

$$\text{損益分岐点比率} = \frac{\text{損益分岐点売上高(1,250)}}{\text{現状の売上高(1,000)}} \times 100 = 125\%$$

　H店の損益分岐点比率は125％となっていますが、損益分岐点比率が100％を超えている場合は赤字を計上していることを意味しています。

　赤字を脱却するためには現在よりも25％の売上増が必要になるということです。

　以上、損益分岐点について店舗の事例によって説明しましたが、損益分岐点の計算は支店や営業所で、製造業の場合は工場や部門単位で行われていることがよくあります。

　自分の所属する部門で損益分岐点の計算がどのように行われているか確認してみてください。

目標利益の達成には、売上増、変動費・固定費の削減の3つの手段がある

1. 目標利益達成のための必要売上高は

　今度は、利益の目標が設定されている場合、その目標利益を達成するために必要な売上高や経費はいくらか考えてみましょう。

　I部門では、前年実績では4,000の営業利益でしたが、今期の利益目標として10,000が設定され、現状よりも2.5倍の利益を獲得しなければならなくなりました。ちなみに当初の予想では今期の営業利益は前年並みの4,000になるとのことです。

図表7-13　I部門の前年度の損益計算書

勘定科目		内訳	計
売上高			150,000
変動費	売上原価	110,000	
	販促費等	10,000	120,000
固定費	人件費	12,000	
	設備費等	14,000	26,000
費用計			146,000
営業利益			4,000

→ 設定された利益目標 10,000

　はじめに現在の損益の構造（変動費と固定費の関係）を前提にし、売上増加だけで利益目標を達成しようとすると、いくらの売上を獲得しなければならないか試算してみることにします。この場合、利益目標達成のための必要売上高を算出する計算式は、損益分岐点売上高の計算式を応用して、次のように行います。

$$必要売上高 = \frac{固定費 + 目標利益}{1 - (変動費 / 売上高)}$$

→ $$\frac{固定費26,000 + 目標利益10,000}{1 - (変動費120,000 / 売上高150,000)}$$ = 必要売上高 180,000

　この計算によれば、目標利益10,000を達成するための必要売

上高は180,000で、前年対比で20％の売上増加が必要ですが、現状では前年対比で２～３％の売上増をやっと確保している状態であり、あまりにも非現実的な数値です。

　ここでは新規顧客の獲得を増やすなどで、前年対比で８％の売上増加を目標とすることにしました。図表7-14のように、売上高が８％増加すると変動費も８％増加し営業利益は6,400となりますが、まだ目標利益には3,600不足します。

２．必要なコストダウンの金額はいくらか

　売上高が８％増で頭打ちとすると、残る手段は、変動費と固定費の削減の２つです。

　変動費を削減する（正確には変動費率の削減）には、粗利益率の高い商品の販売を増やしたり、仕入先へ購入価格の引下げを依頼したり、販促費などの経費削減が必要ですが、この対策によって、今期は変動費を２％削減することにしました。

　変動費の削減効果は2,592（売上高が８％増加した場合の変動費129,600×２％）ですが、まだ目標利益には約1,000不足です。

　最後の手段は固定費の削減ですが、設備費は減価償却費や賃借料で部門では削減しにくい費用です。そこで、今回は内勤社員のシフト体制を見直し、残業代と固定パート社員の人件費を一部削減、さらに管理費などの経費削減により利益の不足分を補うことにしました。このような対策で1,008の固定費を削減できれば目標利益の達成です。

図表 7-14　目標利益達成のための利益計画

	前年実績	売上高8%増加	変動費2%削減	固定費削減
売上高	150,000	162,000	162,000	162,000
変動費	120,000	129,600[※1]	127,008[※2]	127,008
固定費	26,000	26,000	26,000	24,992[※3]
費用計	146,000	155,600	153,008	152,000
営業利益	4,000	6,400	8,992	10,000

※1　120,000×108%で算出　　※2　129,600×98%で算出
※3　目標利益不足分1,008を削減する

生産数量が増減すると 製造原価も変化する

1. 生産数量が増加すると製造原価は小さくなる

　ここでは、製造現場において生産数量を増減すると、製品の原価がどう変化するか考えてみましょう。

　生産数量の増減が製品原価に与える影響を試算する場合も、原価を変動費と固定費に分類することがスタートとなります。

　図表7-15は、工場で生産数量を100個から150個に増やした場合、製造原価がどのように変化するか計算したものです。

図表7-15 生産数量の増加と1個当たり原価の変化

費目		金額		金額
生産数量		100個		150個
変動費	直接材料費	1,000		1,500
	外注加工費	250		375
	動力費	200	生産数量を	300
	計	1,450	50個増やすと	2,175
固定費	間接労務費	300		300
	管理費	250		250
	計	550		550
製造原価合計		2,000		2,725
1個当たり製造原価		20		18.2

　図表7-15の左側は、100個生産した場合の製造原価であり、変動費は直接材料費、外注加工費、動力費の3費目からなり計1,450です。固定費は間接労務費と管理費の2費目であり計550です。変動費と固定費をすべて合計した製造原価が2,000であり、1個当たりの製造原価は20となっています。

　ここで、生産数量を100個から150個に増加したら、製造原価はどのように変化するか考えてみましょう。工場の生産設備や人員のキャパシティには余裕があるとします。

　生産数量を増やしたら一緒に増える原価は変動費であり、直接材料費などの変動費は生産数量の増加に比例して 1.5 倍の 2,175 になります。

　一方、固定費は生産数量を増やしても変化せず現状の 550 のままであり、製造原価の合計金額は 2,725 となり、生産数量の 150 で割ると 1 個当たり 18.2 となります。

２．製造原価が減少するのは 1 個当たりの固定費が減少するため

　なぜ 1 個当たりの製造原価が低くなるのでしょうか。

図表 7-16　1 個当たり製造原価の変化

生産数量	100個	150個	1個当たり減少額
製造原価合計	2,000	2,725	
1個当たり製造原価	20	18.2	1.8
変動費計	1,450	2,175	
1個当たり変動費	14.5	14.5	0
固定費計	550	550	
1個当たり固定費	5.5	3.7	1.8

　図表 7-16 は、生産数量が 100 個から 150 個に増えた時の 1 個当たりの製造原価の変化について、変動費と固定費ごとに比べてみたものです。

　1 個当たりの変動費については 14.5 で変化はありませんが、1 個当たりの固定費については 5.5 から 3.7 へと 1.8 も減少し、1 個当たりの製造原価合計額の減少額 1.8 と同じです。

　つまり、一定の人員や設備などのもと同じ固定費 550 で、生産数量を 100 個から 150 個に増加させたため、1 個当たりの固定費の負担額が減り、製造原価が減少したのです。

　このように、人員や設備などの生産能力に余裕がある場合、生産数量を増やすだけで 1 個当たりの製造原価は減少することになるのです。

生産数量を増やすと
コストダウンができる

1. コストダウンを実現して特別ボーナス5万円がでた

次のケースによって、製造原価がなぜ変化したのか改めて考え
て見ましょう。

ケース　某社のJ工場では、今期に入って受注が好調で生産数量が
　　　　増加したが、全員でコスト削減に取り組み、1個当たりの原
　　　　価を前年の10.0から9.5へ削減したとのことです。
　　　　このコストダウンの成果に喜んだ社長は、工場の社員全員に
　　　　臨時の特別ボーナス5万円を支給することを決定しました。
　　　　ところが、これに対して営業担当の役員が、「ボーナスは工
　　　　場の社員だけがもらうのはおかしい、営業担当にも支給すべ
　　　　きだ!」と異を唱えました。
　　　　J工場では実際にどんなコストダウン努力を行ったのか、また
　　　　特別ボーナスは誰がもらったらよいか考えてください。

では、製造原価がなぜ変化したのか改めて考えてみましょう。

図表 7-17　J工場の製造原価の推移

費目		前期	今期
材料費		5,000	6,000
自社労務費		2,000	2,000
外注加工費		1,500	1,800
製造経費	動力費	500	600
	固定経費	1,000	1,000
製造原価計		10,000	11,400
製品生産数量		1,000	1,200
1個当たり製造原価		10.0	9.5

→ 原因分析 →

図表 7-18　変動費、固定費に分類した場合

	費目	前期	今期
変動費	材料費	5,000	6,000
	外注加工費	1,500	1,800
	動力費	500	600
	計	7,000	8,400
	1個当たり変動費	7.0	7.0
固定費	自社労務費	2,000	2,000
	固定経費	1,000	1,000
	計	3,000	3,000
製品生産数量		1,000	1,200
1個当たり固定費		3.0	2.5

図表7-17の製造原価を費目別に見ると、生産数量の増加によっ
て材料費、外注加工費、動力費は増加しましたが、労務費などは

前期と同じ状態で頑張っているように思われます。

　製品１個当たり製造原価は10.0から、9.5と低くなっており、一見するとかなりコストダウンの努力をしたように思われます。

２．コストダウンの努力は本当か

　では費目別の製造原価を変動費と固定費に分けて、どんなコストダウンが行われたのか、図表7-18の変動費の部分を見てみましょう。

　前期と比較してみると、変動費は生産数量と比例して増加していますが、１個当たり変動費は7.0と全く変化しておらず、どうも努力の跡は見受けられません。

　固定費に分類される費目は自社労務費と固定経費ですが、この費用は２期間とも同じく3,000です。生産数量は増加し、忙しくなったものの一定の人員で対応しており、特に労務費の増加はありません。ひょっとしたら前期は余裕があったのかもしれません。

　固定費に関してもコストダウン努力は見受けられません。

　要するに、今期のコストダウンは生産数量の増加による１個当たりの固定費負担が減少したことが原因であり、J工場でのコストダウン努力はほとんど見受けられません。

　では、特別ボーナスは誰がもらったらよいのでしょうか。「今期の受注が好調で……」とあるので営業部員はボーナスの対象と考えて間違いなさそうですが、工場の社員については、もし受注が増え忙しくなっても、現状の人員で残業もせずに頑張ってコストの増加を抑えていたのであれば、ボーナスの対象とするのが適当な判断かもしれません。

　このように、一定のキャパシティのもとで生産数量が増加すると、特別にコストダウン努力をしなくても１個当たりの製造原価が下がることを理解してください。

自製よりも安く外注化しても
損をすることがある

今度は、実際によくある外注化のケースを考えてみましょう。

> **ケース** 工場の部門マネジャーであるKさんは、自部門のA部門で生産に使用している部品Mについて外注化を検討しています。現在、部品Mは同じ工場内のB部門から1個当たり4,500円で内部調達し、A部門ではこれに加工を加えて製品化していますが、外注化すると1個当たり3,600円と約20%も安く調達できることがわかりました。

A部門　　　　　B部門

製品 ← 加工 ← 内部調達 ← 部品M

4,500円

1. 外注によって増えるコストと減るコストは何か

図表7-19のB部門の部品Mに関する製造原価の明細を見ると合計4,500千円の原価で、1個当たりは4,500円となっています。

これに対して外部購入の単位価格は3,600円であり、B部門による自製に比べて20%も安くなっています。この原価明細を見る限り外注したほうが得のように思えます。

図表7-19 B部門の部品Mの製造原価明細

・直接材料費		1,500	千円
・労務費		800	千円
・経費	動力費	500	千円
	減価償却費	700	千円
	その他固定経費	1,000	千円
合　計		4,500	千円

部品Mの生産数量	1,000	個
1個当たり製造原価	4,500	円

部品MはすべてA部門で使用しています。

外部購入価格	3,600	円

部品Mを外注すると、1,000個分の購入原価3,600千円は確実に増加するコストです。

では、外注化すると減少するコストはどれか考えてみましょう。

製造原価の中の変動費は材料費と動力費であり、部品Mの生産がなくなるので材料費1,500千円と動力費500千円は減少するコストです。

しかし、部品Mを生産しなくなっても人や設備は急になくなることはありませんので労務費や減価償却費はそのまま残り、減ることはありません。その他固定経費も同様に部品Mの生産がなくなっても減少するものではありません。

図表7-20　外注によって増えるコストと減るコスト

増えるコスト	外注費	3,600	千円
減るコスト	直接材料費	1,500	千円
	動力費	500	千円
	計	2,000	千円
差引：コストアップ		1,600	千円

したがって、外注化によって増える原価（**増分原価**）と減る原価（**減分原価**）は図表7-20のようになり、全体として1,600千円のコストアップとなってしまいます。

このように、単純に外注のほうがコスト安と思っても、短期的には外注化で減少するコストは思ったほど少なく、コストアップになってしまうケースが多く見受けられます。

外注か否かを判断するには、例えば、部品Mの生産にかかわっている人や設備が他に転用できないか、あるいはリストラの可能性などを検討しつつ、もう少し長期的な視点に立って判断しなければなりません。

赤字製品を廃止すると
利益が減少する場合がある

1. 赤字製品を廃止すると利益は増加するか

　今度は、赤字製品を廃止し、高利益率の製品に特化する時の採算計算を見てみましょう。

> **ケース**　O社では、従来からの普及品で利益率の低いP製品と、独自の技術を持ち利益率の高いQ製品の製造販売を行っています（図表7-21参照）。
> 　P製品は営業利益が赤字で、その原因は多くの生産スペースが必要で固定費負担が多いことです。一方、Q製品は高い利益率で会社の利益を支えています。
> 　このような状況から、O社では、P製品の製造を中止し利益率の高いQ製品の製造に特化すべきという意見が出ています。
> 　O社では、P製品の廃止によってQ製品の生産量は倍の4,000となることを前提に損益予想を行っています。本当に利益が増えるのでしょうか。

2. 赤字製品を廃止しても固定費は減少しない

　Q製品の営業利益は5,000と利益率は高く、赤字のP製品を廃止して、その生産や販売の能力をすべてQ製品に向けて生産量や販売量が倍になったら、当然、営業利益は2倍の10,000になるものと期待するのはしかたないことかもしれません。

　しかし、結果は図表7-22のように、以前よりも全体の営業利益が大幅に減少してしまいました。どうしてこのような結果になってしまったのでしょうか。

　実は、O社全体での固定費は、売上原価22,000と販売管理費5,000を合わせて27,000であり、P製品には16,000，2,000と多くの固定費が配賦されていました。

　しかし、予想ではこれまでのQ製品の原価が2倍になると計算

していただけで、P製品の負担していた固定費は残ったQ製品が
そのまま負担するとは考えていなかったのです。

図表 7-21 P製品とQ製品の製品別損益と
Q製品に特化した場合の予想損益

		Q製品	P製品	計	予想損益
売上高		40,000	40,000	80,000	80,000
売上原価	変動費	24,000	22,000	46,000	
	固定費	6,000	16,000	22,000	
	計	30,000	38,000	68,000	60,000
販売管理費	変動費	2,000	1,000	3,000	
	固定費	3,000	2,000	5,000	
	計	5,000	3,000	8,000	10,000
営業利益		5,000	-1,000	4,000	10,000
生産・販売数量		2,000	2,000	4,000	

図表 7-22 製品Qに特化した
場合の実績損益

		実績
売上高		80,000
売上原価	変動費	48,000
	固定費	22,000
	計	70,000
販売管理費	変動費	4,000
	固定費	5,000
	計	9,000
営業利益		1,000

　固定費は配賦計算で製品別に負担額が決まりますが、その製品
の製造がなくなると、他の製品が負担することになってしまうの
です。

3．廃止か否かは製品別貢献（限界）利益が判断のポイント

　このような製品廃止や増産というような判断を行う場合、製品
別の限界利益が判断のポイントです。限界利益とは、製品別の売
上高から変動費を引いた金額であり、各製品が利益にどの程度貢
献しているか示す利益を意味するため、貢献利益とも呼ばれます。
　図表7-23のように製品別の限界利益率で見るとP製品のほう
が高く、O社は、会社全体の利益への貢献度の高いP製品の生産
を中止し、その結果利益の低下を招いたのです。

図表 7-23 製品別限界利益率

	Q製品	P製品	計
売上高	40,000	40,000	80,000
変動費	26,000	23,000	49,000
限界利益	14,000	17,000	31,000
限界利益率（%）	35%	43%	39%

第 8 章

ビジネスの実践で
数値を活用する

この章で学ぶこと

　この章では、これまで学んだ第1部の決算書の見方や第2部の原価の仕組みなどをベースにして、ビジネスの場でどのように数値を活用するか、その実践事例をいくつか紹介することにします。

　値引き販売の仕組みやビジネスモデルによる数字の変化、さらに設備投資資金の回収計算など、今後ビジネスの現場でこのような数字と遭遇する機会があるかも知れません。

　たとえそのような機会がない場合でも、数値センスを高めるためには有効な事例と思われますので、一読することをお勧めします。

　また、最後の4つの法則は、決算書で学んだ内容がどのように株式市場、特に株価に影響を与えているのか言及しています。

採算計算は増分原価で判断する

1. 採算計算で使用する原価とは

　はじめに、採算計算において使用する「原価」は、「法則75」で説明した製品の原価とは異なるため注意が必要です。「法則75」で計算した製品の原価は、発生した材料費、労務費、経費すべての原価（これを**全部原価**という）を対象としていました。

　しかし、採算計算を行う場合には、何らかの判断や活動を行った場合、それによっていくらの収入やコストが増えるか、その増加分（または減少分）だけを計算対象とします。その増加分の原価を**増分原価**（または**減分原価**）といい、全部原価に対して一部分だけを計算対象とするため**部分原価**ともいいます。

　採算計算では、過去に支出が行われて取り返しができず、採算の判断に影響を及ぼさない原価部分を**埋没原価（サンクコスト）**といういい方をします。

2. どちらの店でTVを買うかは増分原価で判断する

　以上の原価について、次の簡単なケースで考えてみましょう。

> ケース　Aさんは、昨日、欲しかった60インチ大画面の4KTVがB電器店で激安販売されていることを知り行ってみました。通常価格20万円のTVが現品処分ということで15万円の値段です。Aさんはあいにく15万円を持ち合わせていなかったので、店側と交渉し2万円の内金を払いその商品を確保してもらいました。ところが今日、C電器店の前を通りかかったら、昨日確保したTVと全く同じ機種のTVがやはり現品処分の12万円で販売されているのを見つけました。
> もしC店で購入すると、昨日B店に支払った2万円は無駄になってしまいます。Aさんは、B、Cどちらの電器店でTVを購入したほうがよいと思いますか。

どちらの店で買ったらよいか判断する時、C店で購入すると内金の2万円が戻ってこないで無駄になることが気になります。

しかし、このケースでは、B電器店への内金2万円はすでに支払いが済んでおり、B店で購入してもC店で購入するにしても、いずれにしても返ってこないお金であることに注意してください。

このようにすでに支払った金額で、BかCの判断に影響のないコストが**埋没原価**です。

では、B、C店のどちらで購入したらよいか、その判断を行うためには、BかC決めたら追加でいくら払うのか、その部分だけを比較すればよいことになります。

このような、BかC判断することによって増える支払額が**増分原価**です。この原価はまだ支払っておらず将来払うものであるために**将来原価**、追加で払う部分だけを計算対象とするために**部分原価**といういい方をされる場合があります。

図表8-1 **どちらの店で購入するか**

	B電器店	C電器店	
内金	20,000	0	
追加金	130,000	120,000	追加金は増分原価という
原価合計	150,000	140,000	

このケースでは、B電器店で購入する場合の追加金（増分原価）は130,000円、C電器店の場合が120,000円で、C電器店で購入するほうが10,000円の得になります。

ちなみに、それぞれの原価の合計額（これを全部原価という）でいうと、B電器店の場合が150,000円、C電器店の場合はB電器店に支払った内金も加えて140,000円となります。

売れ残った商品は
原価以下で販売しても利益は増える

1．原価以下の値引きセールで儲かるか？

まず、次の値引きセールのケースについて考えてみましょう。

> **ケース** デリカショップを営むD店では、毎日テイクアウト用の弁当を10個製造して1個1,000円で販売しています。しかし今日は売れ行きが悪く、9個売れましたが最後の1個は売れ残りそうな様子です。
> 　　そんな時1人のお客様が来店し弁当を見ていましたが、買ってくれそうな雰囲気ではありません。そこで、「最後の1個ですので500円値引きしますがいかがでしょうか」と勧めたところ、快く購入してくれました。
>
> **問題** 弁当の原価は1個当たり700円です。値引きセールをしなかった場合と比べて利益はいくら増えたか、あるいはいくら減ったと思いますか

　最後に値引き販売した弁当の原価は700円であり、これを500円で販売したため原価割れした200円の損失が出ると思う人がいるかもしれません。確かに値引き販売した1個について気を取られすぎると、そう考える傾向になりがちです。

2．売れ残った商品は1円で売っても利益は増える

　では、1日のテイクアウト用弁当全体の売上、利益を計算してみましょう。弁当1個当たりの原価は700円で10個製造しており10個分の原価は図表8-2のとおりです。

　もし値引き販売をしなかったら、9個の定価販売しかしておらず9,000円の売上です。原価は10個分すでに製造しており、値引き販売してしなくても変わらず7,000円です。したがって利益

は2,000円となります。

図表 8-2 値引き販売した場合と値引きしない場合の利益増加額 (単位：円)

		値引しない場合	値引した場合	増加額
売上高	正常販売	9,000	9,000	0
	値引販売	0	500	500
	売上高計	9,000	9,500	500
原価	材料費	4,000	4,000	0
	人件費	2,000	2,000	0
	その他	1,000	1,000	0
	原価計	7,000	7,000	0
利益		2,000	2,500	500

1個の定価	1,000円
1個当たり原価	700円

しかし、実際には値引き販売したため定価販売分に加えて500円の売上が追加され、売上高は9,500円となりました。原価は同じく7,000円ですので利益は2,500円となります。値引き販売したことによって500円の利益が増加しました。

もし値引きしていなかったら、最後の1個は廃棄処分をしなければなりません。しかし値引きして売ったため500円の追加の売上が得られたのであり、その分利益が増えたのです。

ちなみに、もし最後の1個を1円で売ったとしたら、売らなかった場合に比べて1円利益が増えることになります。

セット販売で値引きしても
利益は増加する

1. セット販売（バンドルセール）のメリット

バンドルとは抱き合わせを意味し、バンドルセールとは、「商品を複数組み合わせて販売する」ことであり、「セット販売」または「抱き合わせ販売」ともいわれます。

複数の異なる商品を組み合わせて販売する場合や同一の商品を2個以上まとめて販売する場合があり、バンドルセールを効果的に行うと、売上や利益の向上だけでなく、売れ行きが良くない商品の在庫数を減らすこともできるというメリットがあります。

このパターンの代表的な例がハンバーガーショップであり、ハンバーガーとポテトやドリンクをセットにして、利益率の低いハンバーガーと利益率の高いドリンク類やサイドメニューを一緒に売ることで利益率を高めています。

このように、売上高だけでなく利益率の観点を持つことも大切です。

2. セット販売で値引きするメリットは何か

図表8-3は、ハンバーガーやポテトなどを単品で販売した場合とセットで販売した場合を比較したものです。

単品販売をした場合、ハンバーガーの予定販売数量は50個と3商品の中では一番多くなっていますが、粗利益率は最も低くなっています。逆に粗利益率の高いポテトやドリンクの予定販売数は少なくなっています。

3商品の予定の合計売上高と粗利益は33,500円と12,100円です。

図表8-3 値引き販売した場合と値引きしない場合の利益増加額

品名		1個当たりの単価, 原価, 粗利益				販売予定数（個）	合計金額（円）			
		価格（円）	原価（円）	粗利益	粗利益率		売上高	原価	粗利益	粗利益率
単品販売	ハンバーガー	350	280	70	20%	50	17,500	14,000	3,500	20%
	ポテト	250	125	125	50%	40	10,000	5,000	5,000	50%
	ドリンク	200	80	120	60%	30	6,000	2,400	3,600	60%
	計	800				120	33,500	21,400	12,100	36%
セット販売	ハンバーガー		280			100		28,000		
	ポテト		125			100		12,500		
	ドリンク		80			100		8,000		
	セット合計	650	485			100	65,000	48,500	16,500	25%

　今度はこの3商品をセット販売するとどうなるでしょうか。

　3商品を単品販売した場合の価格は合計800円ですが、セット価格では650円と約20%値引きして販売数を大幅に増やすことが狙いです。

　もし、このセットが100個売れたとすると売上高は65,000円です。原価は各商品の原価の100個分を集計すると48,500円となり、粗利益は16,500円と単品販売の場合と比較すると大幅に増加することになります。

　このように、バンドル販売では複数の商品を組み合わせてディスカウントすることによって大幅な売上増加が見込まれるとともに、利益率が高い商品と低い商品を組み合わせてセットを作ることによって、20%近くの値引きをしたにもかかわらず高い利益を確保することも可能なのです。

価格訴求型と付加価値型の
ビジネスモデルがある

1. ディスカウント型と付加価値型のビジネスモデルの違い

　私たちは、日常様々な商品やサービスを購入しますが、何を購入するか決める時、大きく分けると価格をとるか品質をとるかの2つの視点で判断します。

　特に品質にこだわらなければ価格の安いものを購入しますが、品質やブランドにこだわると高い価格でも購入してしまいます。

　このような私たちの購買行動に対応して、例えば百貨店と量販店、高級レストランとファミリーレストラン等々、同種類の商品やサービスを提供する店舗でも、目を見張るような高価格品を扱う店もあれば驚くような安い価格の商品を扱う店もあります。

　一定の品質であればできるだけ価格を低く抑えて集客するビジネスを**ディスカウント（価格訴求）型**、品質の水準で差別化して集客するビジネスを**付加価値型**といいますが、この2つの異なるビジネスでは、どのように利益を獲得しているのでしょうか。

2. 価格訴求型は回転率、付加価値型は粗利益率がキーとなる

　図表8-4は、スーパーマーケット業界で「高級スーパー」といわれる会社と「ディスカウントスーパー」といわれる会社の経営数値を比較したものです。

　この図表を見ると、2つの会社では売上高に差はあるものの、本業の儲けを示す「営業利益」は同じく70です。

　しかし、粗利益率を見ると、高級スーパーの35％に対してディ

スカウントスーパーでは18％しか儲けていません。また販売管理費率を見るとディスカウントスーパーは売上高に対して13％で経費の節約によって利益を獲得していることがわかります。

図表8-4　高級スーパーとディスカウントスーパーの利益の内容

	高級スーパー		ディスカウントスーパー	
	金額	％	金額	％
売上高	1,000	100％	1,500	100％
売上原価	650	65％	1,230	82％
粗利益	350	35％	270	18％
販売管理費	280	28％	200	13％
営業利益	70	7％	70	5％
在庫金額（売価）		600		400
在庫回転率（月）		1.7		3.8

　在庫金額（棚卸資産）は高級スーパーに比べて3分の2しかないものの多くの売上を上げており**在庫回転率**（＝売上高/在庫金額）が月3.8回と、高級スーパーの倍以上の数字です。

3．ビジネスの仕方にどんな違いがあるか

　ディスカウントスーパーでは、商品はすべて一般に人気のアイテムに絞り、それを大量に陳列しています。そのため陳列に要する作業時間も少なく人件費などの経費も少なくて済みます。チラシやPOPなどの販促物も本部の用意したものをつけるだけで店での作業負担も極力少なくしています。

　これが在庫回転率を高くし、経費を少なくする工夫なのです。

　これに対して高級スーパーでは、顧客ターゲットを高所得者層にあて、人気商品だけでなく、それ以外にも高級食材や他のスーパーにはない海外からの輸入商品、顧客の細々とした嗜好に対応するよう商品を揃えて、品揃えアイテム数は膨大です。

　また、地域のお客様のニーズに対応したメニュー提案やキャンペーンも実施し、販売費用や人件費も多くなり、また陳列器具や店内装飾にも気を配るため設備費などの負担も多くなります。

　このような工夫が高い粗利益率を獲得している理由なのです。

サブスクでは利用回数を
増やすと得をする

1. サブスク型サービスとその事例

　サブスクリプション（サブスクという）とは、「**料金を支払う
ことで、製品やサービスを一定期間利用することができる**」ビジ
ネスモデルです。もともとは新聞や雑誌の予約購読や定期購読が
主たる例として知られていました。

　料金を支払っている間は自由に商品やサービスが利用できます
が契約が終了するとそれらは利用できなくなります。

　例えば音楽配信や有料動画サービスでは、一定期間の利用料を
支払うと、その期間は登録されている音楽や映像コンテンツが聴
き放題、見放題となるサービスが一般的になっています。

　またソフトウエアの提供や多くのクラウドサービスのサブスク
でも月あるいは年単位で契約して料金を支払うと、その期間は対
象のソフトウエアやクラウドサービスを利用できるという内容で
す。従来のライセンスを購入する形式に比べ、安価にソフトウエ
アを使い始められることがメリットです。

　また、サブスクはデジタル領域で広まりましたが、最近は洋服
や家具、車、サプリメントや食品など、非デジタル業界の製品に
もサービスが増えてきました。

2. サブスクユーザーのメリット

　サブスクはユーザーにどんなメリットがあるのでしょうか。

　価格面では、比較的安価なものが多いため、利用開始のハード
ルが低くコストパフォーマンスがよく、また定額制なので、どん
なに多くサービスを利用しても追加の料金を支払う必要がなく、

ヘビーユーザーにとってはこれば最大のメリットでしょう。

　では、どの程度利用したら金額的なメリットを享受できるのでしょうか。金額的なメリットを試算しやすいゴルフ場のサブスクの採算計算を行ってみましょう。

ケース　ゴルフ場利用のサブスクの条件

・年間59,800円の利用額で、平日に、指定されたゴルフ場（約10か所）ではプレー料金無料で回り放題、ただし飲食費、利用税などの諸経費は自己負担。土日の利用は追加料金が発生する。
・指定されたゴルフ場の平日の平均的な料金は、次の諸経費込みで約10,000円です。

図表8-5　サブスク利用での採算計算

・指定されたゴルフ場の
　平日の平均的な料金

・プレーフィー　　7,200円

・ゴルフ場
　利用税　　　　　800円

・飲食代　　　　2,000円
――――――――――――
　　計　　　　 10,000円

（単位：円）

年間利用回数	通常の利用料金	サブスク料金	得する金額
5	36,000	59,800	-23,800
8	57,600	59,800	-2,200
9	64,800	59,800	5,000
15	108,000	59,800	48,200
20	144,000	59,800	84,200

　このような条件で、年に何回プレーしたらもとをとれるか試算してみましょう。

　1回ごとのプレーに対して、サブスク利用で無料になるのはプレーフィーの7,200円だけです。5回利用すると、図表8-5のように36,000円のプレーフィーが無料になりますがサブスク料金をすべて回収することはできません。

　この場合のサブスク利用の損益分岐点利用回数は、図表に示すように9回以上であり、年15回、20回と利用すれば、金額面で大きなメリットを得ることができます。

　なお、音楽や動画配信サービスのサブスクの場合、「これだけの料金で聴ける、見られる」など、心の満足はあるもののそれを金額的に表現することは難しい面があります。

設備投資の採算は
時間の価値を考慮して判断する

1. 設備投資の代替案は費用、支出の総額で比較する

E社では現在、設備投資を検討し、性能は同じだが省エネ効果の高いG機械にするか、価格の安いF機械にするか検討中です。

図表8-6 F機械、G機械の購入の条件と5年間の費用合計の比較

(単位：千円)

	F機械	G機械
取得価額	10,000	13,000
年間維持費	3,000	2,000
耐用年数	5年	5年

減価償却は定率法による

	費目	1年目	2年目	3年目	4年目	5年目	5年間計
F機械	減価償却費	4,000	2,400	1,440	1,080	1,080	**10,000**
	維持費	3,000	3,000	3,000	3,000	3,000	**15,000**
	計	7,000	5,400	4,440	4,080	4,080	**25,000**
G機械	減価償却費	5,200	3,120	1,872	1,404	1,404	**13,000**
	維持費	2,000	2,000	2,000	2,000	2,000	**10,000**
	計	7,200	5,120	3,872	3,404	3,404	**23,000**

耐用年数5年の場合の定率法の償却率は0.400となる。
この償却率によると5年目に償却不足が生じるため、4,5年度は規定に従って全額償却するように調節している。

F、G機械を比較すると、取得価額はF機械10,000千円ですがG機械は13,000千円と3,000千円も高いものの、年間の維持費はG機械のほうが1,000千円安くなっています。

両機械とも耐用年数は5年、定率法で年度の費用を計算します。

この計算によると、1年目にはG機械の費用が多いものの、2年目には逆転し、5年間の合計ではF機械25,000千円に対し、G機械は23,000千円と2,000千円も費用が少なくなっています。

このように費用総額で見ると、初期の取得価額は高いものの、G機械のほうが有利となることがわかります。

2. 支出額で比較する時は時間の価値を考慮する

　図表8-7は、減価償却費などの計算を行わず、単純に毎年いくらの現金支出が必要になるか計算して比較してみたものです。

　両機械を購入した場合、現時点で初期投資額の10,000千円、13,000千円の支出が必要であり、以後各年度に3,000千円、2,000千円の維持費の支出が行われ、5年間の合計額で見ると、F機械は25,000千円の支出、G機械は23,000千円の支出となります。

図表8-7　5年間の支出額合計

（単位：千円）

支出額を5%の割引率で割引計算した場合

支出内容		F機械	G機械
現時点	初期投資額	10,000	13,000
1年後	維持費	3,000	2,000
2年後	維持費	3,000	2,000
3年後	維持費	3,000	2,000
4年後	維持費	3,000	2,000
5年後	維持費	3,000	2,000
	計	25,000	23,000

割引係数	F機械	G機械	差額
1	10,000	13,000	3,000
0.9524	2,857	1,905	-952
0.9070	2,721	1,814	-907
0.8638	2,592	1,728	-864
0.8227	2,468	1,645	-823
0.7835	2,351	1,567	-784
	22,988	21,659	-1,329

（注）維持費は毎年度末に行われるものとする

　ただし、ここで問題となるのは、初期投資額は現時点で支出されますが、維持費は1年後、……5年後など、後の期間に支払いが行われ、この時間的な価値を考慮しなければならないのです。

　ここでは、1年間の時間的な価値を5%として計算します。

　もし1,000千円を5%の利息で1年間預金したとすると1,050千円になりますが、この場合1年後の1,050千円は今の価値に引き直すと1,000千円になります。そのためには1,050千円に5%の割引係数0.9524をかけることになります。

　2年目以降は複利計算になり、各年の維持費は当初の金額に比べて割引されています。

　このように時間の価値を5%で割引しても、このケースではG機械のほうが支出額は少なく有利となります。

設備投資の回収期間は
キャッシュフローで判断する

1. 設備投資案と新製品の発売に関する損益計画

　H社では新製品の発売のための設備投資を検討していますが、はじめに新製品の発売に関する損益計画を見てみましょう。

図表8-8　新製品発売のための投資と損益計画　　(単位：百万円)

・機械設備投資額　　　100（1年目以前に支出します）
・機械設備の数耐用年数8年、減価償却は定率法による。
　（償却率は0.250、改訂償却率0.334、保証率0.07909）
・損益計画の売上高、原価、販売管理費は以下のとおり
・営業利益が黒字の場合、30％の法人税等が発生する
・その他、売上高、材料費、経費、販売管理費は現金の収入・支出となる。

		1年目	2年目	3年目	4年目	5年目	6年目	7年目	8年目	計
売上高		150	150	150	150	150	150	150	150	1,200
売上原価	材料費	50	50	50	50	50	50	50	50	400
	減価償却費	25	19	14	11	8	8	8	8	100
	経費	38	38	38	38	38	38	38	38	304
	小計	113	107	102	99	96	96	96	96	804
粗利益高		37	43	48	51	54	54	54	54	396
販売管理費		40	40	40	40	40	40	40	40	320
営業利益		-3	3	8	11	14	14	14	14	76
法人税等		0	1	2	3	4	4	4	4	24
税引後利益		-3	2	6	8	10	10	10	10	52

(注)百万円以下は四捨五入しており合計が合わない数値があります

　これによると、設備投資金額は100百万円で、売上は毎年150百万円、売上原価として材料費、減価償却費、経費がかかり、販売管理費として毎年40百万円の費用がかかります。

　1年目は赤字、2年目から黒字転換し、法人税などが発生しています。

　このケースでは毎年変動するのは減価償却費だけで、黒字転換は減価償却費が定率法で減少することが要因となっています。

　しかし、2年目から利益は計上されているものの、損益計算を

見ても初期の機械設備の投資額100百万円が回収されたか否かはわかりません。投資資金の回収額を見るためには、図表8-9のようなキャッシュフローの計算が必要です。

図表8-9 **新製品発売によるCF回収計算** （単位：百万円）

	1年目	2年目	3年目	4年目	5年目	6年目	7年目	8年目	計
減価償却費	25	19	14	11	8	8	8	8	100
税引後利益	-3	2	6	8	10	10	10	10	52
CF	22	21	20	19	18	18	18	18	152
CF累計額	22	43	63	81	99	117	135	152	
割引係数	0.952	0.907	0.864	0.823	0.784	0.746	0.711	0.677	
割引後CF	21	19	17	15	14	13	13	12	124
割引後CF累計額	21	40	57	72	86	99	112	124	

（注）百万円以下は四捨五入しており合計が合わない数値があります

2．新製品の発売に関するCFの回収計算

このケースでは、キャッシュの増加額は税引後利益と減価償却費であり（「法則56」参照）、1年目を見ると、利益は赤字ですが減価償却費が25百万円あり、これによってCFは22百万円の黒字となっています。これが1年目の投資資金回収額です。

では、100百万円の機械設備投資額は何年で回収できるのか。

CF累計額では5年経過した時点では99百万円ですが、6年目では117百万円と投資金額を大幅に上回っています。回収期間は、5年と少しというところでしょうか。

しかし、このCF計算は、将来の回収額の単純合計です。

投資額の支出は1年目以前に行われますが、キャッシュの回収は新製品を発売して1年目以降に行われ、その時間の価値が考慮されていません。

「法則95」と同じように、1年目以降の将来の回収額を年5％で割引してみると、キャッシュフローの回収額は6年経過後も99百万円とまだ投資額の100百万円を回収しきっていません。これを見ると回収しきるまで約6年と少しの期間がかかっています。

このように、初期投資から資金の回収まで長期に及ぶ場合には、時間の価値を考慮した採算計算が必要になるのです。

決算書を理解しても
株式投資では儲からない

1．決算書は過去の数値、株価は将来の予想で決まる

これから決算書の勉強をしようとする人の中に、「決算書の見方を身につけると株で儲かるのでは……」という動機を持つ人がよく見受けられます。

しかし、結論からいうと、「決算書の見方を学習しても株で儲かることはありません！」といわざるを得ません。

なぜならば、決算書として社会に公表される数値は過去の実績であり、それに対して株価は会社の業績に関する将来の見通しや予測で決まるからです。

現在、業績の好調な会社であれば、その業績はすでに株価に反映されているはずであり、その会社が今後も好調な業績を続けるか否かは将来のことで、決算書ではわかりません。

2．決算内容が評価されていない会社がある

以上が基本的な説明ですが、「株で儲かるのでは……」という動機で苦労して決算書の読み方を学習した人に対し、その知識を少しでも生かす方法を考えたいと思います。

会社の中には、業績や財務の状態に比べて株価の高い会社もありますが、逆に良い業績で財務の状態が良くても、株価としてあまり評価されていない会社もあります。

その業績や財務状態が株価としてどのように評価されているか、株価が割高か割安か見る指標としてPERやPBRがあります。

・PER（株価収益率）

PERとはPrice Earnings Ratioの略で、株価収益率といわれる

指標であり、株が1株当たり純利益（EPS：Earnings Per Share）の何倍で買われているか、つまり1株当たり純利益の何倍の株価となっているかを見る指標です。

$$PER（株価収益率）= \frac{株価}{1株当たり当期純利益（予想）} \qquad PBR（株価純資産倍率）= \frac{株価}{1株当たり純資産}$$

　PERは低いほうが株価は割安ですが、実際の上場会社のPERランキングを見ると1～数千倍まで開きがあり、利益と株価には大きなギャップがあることがわかります。

　なお、PERで用いる1株当たり純利益は当期の予想数値を用いるのが一般的で、あくまで会社の発表した予想ですから、その後下方修正されることも多々あります。

　また資産売却などで一時的に当期純利益が大きくなった場合、こうした要因を考慮して比較しなければ、判断を誤る恐れがあります。

・PBR（株価純資産倍率）

　PBRとは、Price Book-value Ratioの略で、株価純資産倍率といわれる指標です。

　純資産は会社が解散した場合に株主に配分される資産であり、株価を1株当たり純資産で割ったPBRは「株価が企業の解散価値の何倍か」を測る指標と解釈できます。

　現実の株式市場では、PBRが1倍を大きく下回っている企業が多くありますが、必ずしも割安とは限りません。その理由は様々ですが、ひとつの例として赤字企業、つまり将来純資産の減少が予想されるケースがあり、現時点の数値のみに着目してしまうと判断を誤る恐れがあります。

増資を発表すると株価が下がる

1. 増資が及ぼす財務指標への影響

　株価は様々な要因で上下しますが、ここではこれまで学んだ財務数値との関連で株価が変動する理由を紹介します。

　会社が必要な資金を調達する場合、銀行などからの借り入れによらず、新たに株式を発行して調達することを増資といいます。

　増資を行うと、貸借対照表や経営指標にどんな影響を及ぼすか考えてみましょう。

　例えば、図表8-10（左側）のような資産200、純資産50、当期純利益20の会社が、設備投資に充てる資金調達のため50の増資を行ったとします。

　これによって資産と純資産はそれぞれ50増加、貸借対照表は図表8-10の右側の状態になります。当然発行株数も増加します。

図表8-10　増資がROEへ及ぼす効果

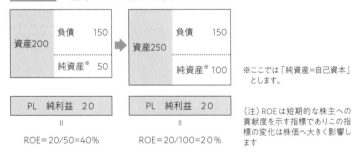

※ここでは「純資産=自己資本」とします。

（注）ROEは短期的な株主への貢献度を示す指標でありこの指標の変化は株価へ大きく影響します

2. 増資を発表すると株価は下がる

　このように増資によって設備投資の経営資金を集めても、それ

から設備を建設して稼働するまでには相当な時間がかかり、順調に行っても利益が出るには2～3年もかかるのが普通ですし、失敗するリスクもあります。

　増資の場合、効果が出るまで間、ROE（自己資本利益率＝当期純利益/純資産）計算の分母である純資産は増加するものの、分子である当期純利益の増加は期待できません。その結果ROEは減少し、発行株数が増加した分1株当たりの利益も低下し、株主価値は低下してしまいます（「法則51」参照）。

　このように1株当たりの利益や価値が薄まるメカニズムが想定されるため、会社が増資計画を発表した時点で、ほとんどの場合株価が下落することになります。

　増資による資金調達は、株主の発言が強くなっている現在、株主を敵にまわしかねない大きなプレッシャーとなるのです。

3. 増資をめぐるインサイダー取引の発生

　以前、このような「増資の発表を行うと株価が下がる」という現象を逆手に取った事件が相次いで起こりました。

　会社が増資を行う場合、その手続きを証券会社に依頼しますが、証券会社の中には、増資手続きの担当部門以外に株式などの売買を顧客に勧めて手数料を稼ぐ営業部門があります。

　営業部門では、会社の仲間からその増資情報を聞き出し、得意先の会社や個人へ株式の売買（空売り）を勧めて利益を得させ、自分は手数料を獲得し営業成績を上げるというメリットがあります。このような行為をインサイダー取引といいます。

　証券会社の営業担当者があいついで逮捕され、ついに社長が辞任するに至りました。

　証券会社の営業経験者によれば、「同僚が担当する増資情報を知らずに営業するやつは営業担当とはいいません」というくらい常態化していたとのことです。

株価が下がれば
「空売り」で儲けることができる

1. 空売りとは

「法則98」では、会社が増資計画を発表すると株価が下がる事例を紹介しましたが、その際行われた株式の売買取引が「空売り」です。

株式取引では、手持ちの株式を売ることが「現物の売り」ですが、手元に持っていない株式を、証券会社から信用取引により借りて売却する取引を「空売り」といいます。

信用取引は、証券会社に信用取引口座を開設し、保証金を預けることによって取引をすることができます。

「空売り」では、以後その株を購入して精算すればよい取引であり、その間に利息はかかりますが、増資発表のタイミングで確実に株価の下落が見込まれるような場合には儲かる仕組みです。

2. 空売り後株価が下落すると儲けが出る

例えば、図表8-11のように、現在I社の株は証券市場で1,000円の株価がついているとします。

I社では増資を計画しており、間もなくその発表が行われる予定です。この情報をつかんだJさんはI社の株を1,000円で空売りをかけました。

空売りをした数日後、I社は増資計画を発表し、その後株価は徐々に下落し600円近くまでなってしまいました。

ここでJさんは、証券会社に600円の金額を支払い、空売りを精算しました。

Jさんの空売りによる収支計算では、図表8-11の右表のように

400円の利益を獲得することができました。

　なお、JさんがI社の増資計画の情報を証券会社の社員から得たとすると、それは証券会社社員のインサイダー取引となり、法律に違反する行為となります。

　余談ですが、この空売りに関して、一説によると、ウサマ・ビンラディンは、9.11米国貿易センタービルのテロ事件の前に旅行会社の株を空売りし、事件後旅行会社の株価が急落し、これによって巨額のテロ資金を得たという噂もあります。

※インサイダー取引とは
　会社の内部情報に接する立場にある会社役員などが、その立場を利用し会社の重要な内部情報を知り、その情報が公表される前にこの会社の株式などを売買する行為であり、一般の投資家との不公平が生じ、証券市場の公正性・健全性が損なわれるため、証券取引法で禁止されている取引です。

図表8-11　空売りの儲けの仕組み

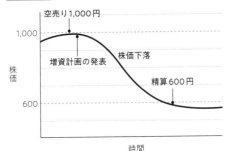

会社が自社株を購入すると株価は上昇する

1. 自己株式取得の理由の一つが自社株の価値を高めること

　自己株式とは、「自社が発行した株式」のことで、自己株式の取得とは、証券市場から自社の株式を買い戻すことです。「法則41」では超優良企業の事例を紹介し、そこでは自己株式を持つと純資産のマイナスとして表示されていました。

　自己株式を持つ理由と株価への影響を考えてみましょう。

　自己株式を取得する理由としては、自社株の価値を高めるため、M&Aの対価として活用するため、敵対的な買収から会社を守るため、等々が挙げられますが、ここでは自己株式を持つとなぜ自社株の価値が高まるのか、考えてみます。

　市場に流通している自社株を購入すると、市場での流通株数が減少します。自己株式には株主総会での議決権は与えられず、また配当金を配ることも禁止されていることもあり、1株当たりの価値が上昇します。

　このため、会社が自社株買いの計画を発表すると、多くの場合、株価は上昇します。さらに、自己株式を取得するだけでなく、**消却**するとさらに株価は上昇します。

　自己株式は売却し再度市場に流通させる場合がありますが、消却すると完全に流通株数が減少するからです。

　自己株式は、多くの場合市場に流通させず保有し続けるため、**金庫株**ともいわれます。

2. 自己株式取得による財務指標への影響

　自社株を購入した場合、実態としては自社の株式という資産を保有しているにもかかわらず、貸借対照表において株主資本のマイナス分として表示され、その結果、自己株式を保有するとその分純資産が減少することになります。

図表 8-12 自己株式取得による自己資本比率、ROEへの影響

・当期純利益を100とする
・現状の貸借対照表

資産 1,000	負債 300
	純資産 700

・自己資本比率＝70％
・ROE＝100/700＝14.2％

・自己株式100を取得した場合（現金払いによる）

資産 900	負債 300
(注) 自己株式取得のため現金100を支払ったため900となる	純資産 600

・自己資本比率＝67％
・ROE＝100/600＝16.7％

（参）自己株式取得後の純資産の表示

	前	後
資本金	200	200
利益剰余金	500	500
自己株式	0	-100
純資産計	700	600

　図表8-12の右側の（参）では、自己株式を取得した場合純資産（株主資本）のマイナス表示となり、純資産が減少します。

　これによって自己資本比率は70％から67％に減少しますが、株主への貢献度を示すROEは14.3％から16.7％へと、2.4％増加することになります。

　上記のように、自己株式を取得すると、自己株式への配当金は禁止されており、会社の配当金額の総額が同じだとすると、1株当たりの配当金も増えることになり、1株当たりの価値が高まり、その結果、株価は上昇します。

　それだけでなく、自己株式の取得によってROEの向上にも結び付き、これも株主にとって歓迎すべきことであり、重ねて株価上昇への影響が期待されることになります。

　図表8-12は、会社の手元資金を使って自己株式を取得したケースですが、もし借入によって調達した資金で自社株を購入すると、さらに自己資本比率は低下し、ROEは向上します。

おわりに

　おわりにとして、本書の内容がどのような背景のもとで書かれているのか説明したいと思います。

　私は、学生時代に人生の師となる方に巡り合い、その方の足跡を追うように会計監査、経営コンサルティングという職業に就き、数多くのビジネスにおける表と裏の世界を目の当たりにする体験をしてきました。

　会計監査業務では、私が担当したクライアントでは、幸か不幸か、大なり小なりの"粉飾決算"（最近では"不適切会計"という）に手を染めた会社が多くあり、業績不振に陥った会社が行う様々な"粉飾"の手口を見ることができました。

　粉飾決算は社会を欺く行為であり決して容認できるものではありませんが、そこでは、監査を担当する会計士に対して、「自らの全財産・生命までかけて」ともいうべきすさまじい迫力で"粉飾の容認"を求めるワンマン経営者の姿をみることもありました。

　経営コンサルティング業務では、大企業から中小企業まで、数多くのクライアントの求めに応じて経営革新策の立案からその実施まで裏方としてお手伝いをさせていただきました。

　ここでもまた、革新の実行段階で社内の改革派と保守派と

でもいうべき抵抗勢力の対立の火中で、栗を拾うような仕事を体験することも多々ありました。

　このような経験を経てその後、主に経営革新や財務・会計の分野の企業内研修の講師としての仕事が徐々に増え、現在では私の仕事の中心となっています。

　企業内研修のうち財務・会計の研修では、専門的な難しい説明は最小限にして、優良企業や倒産企業の事例研究を中心に、この分野の初心者であるビジネスパーソンに対して、どうしたらやさしく簡単に理解して決算書に興味を持っていただくか、そこに全精力を注力してきたといっても過言ではありません。

　また、一通りの講義ではなく、監査業務の経験を通して体験した「粉飾」の手口や裏話をもとにした決算書の仕組みや見方の説明がことのほか好評を受け、今日に至るまで企業内研修の講師を続けさせていただいています。

　本書では、残念ながら、口頭での研修で話すような「粉飾」の裏話は、差しさわりのないほんの一部分しか記述することはできませんでしたが、やさしく簡単に財務・会計の知識やスキルを理解していただけるように、そのポイントを100の法則として整理したつもりでいます。

　また、これまでの企業内研修を担当させていただいた中で、特に管理者の立場での数値に関する多くの失敗事例の相談を受け、その典型的なパターンを序章として紹介させていただきました。

　なお、本書の企画から出版に当たって、株式会社日本能率協会マネジメントセンター・ラーニングパブリッシング本部の大塩様はじめスタッフの方々には細部にわたってお世話になりました。また初めに出版の提案をしていただいた同社のコンテンツ開発部の方々、長年に渡って企業内研修の機会を与えていただいた同じく同社のテーマ開発部の方々に改めて御礼を申し上げます。

　最後に、私を今の職業に導いていただいた師である高橋瞳さん、長きに渡って連れ添いながら変わらずに清楚でやさしく支えてくれてる妻、滋子に改めてこの場を借りて感謝する次第です。

斎藤正喜

本書は、以下の4つの通信教育コースの
重要エッセンスを再編集し、1冊にまとめました。

利益の仕組みから財務三表の基本まで
ビジネス数字　超入門
斎藤正喜

身近な事例でわかりやすくビジネス数字を解説！　はじめて学ぶ人でも
スムーズに、利益の仕組みから財務三表の基本がわかる

コスト意識が身につく
計数入門コース
斎藤正喜

コスト意識と利益構造を理解して「数字に強い」ビジネスパーソンへ

管理者必修！　財務の基本コース
斎藤正喜

管理者に不可欠な財務の基礎知識と計数管理能力を習得

マネジメント実務シリーズ③　Q＆Aで習得！
利益を最大化する
予算＆コストマネジメント
斎藤正喜

利益を最大化する予算・コスト管理手法を実践的に習得

より詳細を知りたい方は、以下のページを参考にしてください。

JMAM通信教育 Webカタログ　JMANAVI
https://www.jmam.co.jp/tsukyocatalog/

斎藤正喜 （さいとう・まさよし）

CESクリエート代表。経営コンサルタント。日本能率協会マネジメントセンターパートナーコンサルタント。

横浜国立大学経営学研究科修士課程修了。公認会計士第2次試験合格後、プライスウォーターハウス会計事務所に入所し、会計監査業務に携わり数十社の会計監査を担当する。

以後、日本能率協会コンサルティング（JMAC）にて、十数年間にわたって経営革新、営業力強化、流通業、サービス業における業務改革や経営管理、サービス（CS）向上のテーマによりコンサルティングを実施。

現在は主に事業戦略、経営財務の分野における企業内研修及び流通業に対するコンサルティング活動、会計監査業務も実施。

また、日本能率協会マネジメントセンターにて、通信教育教材として「ビジネス数字　超入門」「管理者必修! 財務の基本コース」などの人気講座のテキストを執筆・監修する。著書は本書が初めてになる。

ビジネスリーダーなら知っておきたい
決算書&ビジネス数字の活用100の法則

2023年10月10日　初版第1刷発行

著　者 ―― 斎藤正喜　©2023 Masayoshi Saito
発行者 ―― 張 士洛
発行所 ―― 日本能率協会マネジメントセンター
〒103-6009 東京都中央区日本橋2-7-1　東京日本橋タワー
TEL 03 (6362) 4339 (編集) ／ 03 (6362) 4558 (販売)
FAX 03 (3272) 8127 (販売) ／ (編集)
https://www.jmam.co.jp/

装　　丁 ―― 冨澤 崇 (EBranch)
本文デザイン・DTP ―― 有限会社北路社
印刷・製本所 ―― 三松堂株式会社

ISBN 978-4-8005-9144-9　C 2034
落丁・乱丁はおとりかえします
PRINTED IN JAPAN